目 錄

U0082164

目錄

第三章　增強行動的果斷力

前言

　　一直以來都非常想為這本書寫一篇精彩的前言，因為當這個書名第一次躍進腦海時，我對它就有一種強烈的感覺，感覺世界上真的應該有這樣一本好書，有了這樣一本好書能不再讓你在那麼多歲月裡感到困惑，能成為一路上隨時陪伴你心靈健康成長的朋友，聽你細細的述說，聽你的苦與樂，然後為你釋懷，為你答疑解惑；可是，當我真正想提筆時，發現自己要說的太多，卻無法讓所有段落盡述心中的感受，才發現原本以為已經歷過些許的自己依舊是那麼的單薄，生活的沉澱和思索依舊是那麼的淺白；以為已經學會了獨自去面對生活的自己一直是在親人、朋友、愛人厚重的關懷和溫暖中度日的，其實自己還沒有真正的一個人從心靈到肉體去獨自生活，去獨自面對；那麼就讓自己在這篇序中重新開始吧！學會獨自去面對今天的現實，現實的今天，因為生活不相信眼淚；因為我選擇了要去流浪，去體驗，更因為生活永遠偏愛的是強者……

　　我們是群居動物，正是因為我們有與生俱來的孤獨；上天是公平的，它給了我們一顆愛幻想的頭腦和一雙會走路的腳，決定了我們將懷著一顆好奇的心去流浪，去成長；它知

前言

道我們在一個人的流浪中會有快樂、有富足；更會有寂寞、有失落；於是它又恩賜給我們父母、友人、戀人，給了我們因此而一路想下去，走下去的勇氣；上天又是殘酷的，偏偏又總要在路上讓我們獨自遭逢風雨、傷痛、疾病和失意，你會發覺每一個人的寂寞都是與生俱來的。除非你不去深思，除非你以表面上的熱鬧為滿足，否則你總難免會感覺到：即使是在熱鬧繁華，人聲鼎沸之中，你仍是孤零零的一個人。

有許多時候，我們必須獨自去面對一些煩心的問題，必須獨自去抵抗一些無法擺脫的痛苦，必須獨自去克服一些工作的困難，必須獨自為明天做出選擇。有許多問題是別人幫不了你的。即使能夠，別人的幫忙也只能一時而無法永遠，主要的力量還是得由你本身產生。因為人與人之間在有形的親密之外，還是有著無形的距離的，而且這個距離有時很遠。但是，我們不必為了這個距離而覺得悲觀，只是必須承認這是一些事實而已。一個人先能獨自承認事實，就會有力量獨自去面對事實，能獨自面對事實，就不會覺得寂寞是可怕的了。

當你獨自去面對生活的時候並不可怕，可怕的是你對生活的抱怨和對它的恐懼，這兩種情緒不斷地侵蝕著你的自信和勇氣，讓你對什麼都沒有興趣而逐漸地封閉了自己。這樣的時候，我們應該學會去做那種能夠獨自對一件事物熱衷地

去鑽研，而不願把時間浪費在其他任何一件事情上的人，你將會發現自己不但不怕孤獨，有時反而喜歡孤獨。

當你獨自去面對生活的時候，你要訓練自己既能動，又能靜。讓自己在人聲喧囂的世界裡總能找到一塊心靈的靜地，一個只能享受動的快樂，而不能品嘗靜的情趣的人，會漏掉生命中很多重要可貴的東西；而當我們周圍百無聊賴的時候，我們反而要讓自己積極的行動起來，背上流浪的行囊去看下一道風景，一個只能享受到靜的愜意，而不能品嘗動的快感的人，會失去生命中最重要的活力。

天助自助者，上帝也喜歡照顧勇敢而獨立的人。所以，只要我們獨自面對生活的時候不退縮，不逃避，儘管人海波濤險惡，但我們多半都能夠化險為夷。勇敢地生活，勇敢地面對苦難，把一半苦難當做我們這一生不能逃避的考驗，透過了這些考驗，我們就可以到達彼岸。

海上風濤闊，扁舟好自持。每個人都必須學會獨自去面對生活，面對今日；學會自己珍重。害怕沒有用，哭泣也不是辦法。不管有沒有人來援助我們，總得打定主意，憑自己的力量撐過任何危險的局面。

能夠學會獨自去面對生活的人才是個真正成熟的人，才更懂得與人合作，予人寬容，賜人與愛。他的生活也因此變得富足而有生趣。

前言

　　有一天，當你真正地學會獨自去面對生活的時候，你就會發現月缺的時候原來也是一種完美，孤獨的時候原本就是一種人性的回歸。

　　能夠學會獨自去面對生活是一種人生破繭過程中的痛，更是人生成蝶後的一種美麗。

作者

第一章
學會思考

第一章　學會思考

▌步驟一　真實地面對自己

世界是不具人性的，它確實並不關心你的成功或失敗，一切都要靠你自己。這個世界不會為了更美好而去改變你，即使你想讓它這麼做。只有你自己才能改變你自己。然而你首先必須從不同的角度認識你自己和你所在的這個世界。

先思考，再去改變

許多人問我，一本書、一次討論能夠改變一個人的一生嗎？我的回答是肯定的。只要這本書或這次討論的主題具有撼人心弦的思想，這種思想就能在你的意識裡生根、開花、結果，就能決定或改變你一生的道路。美國作家霍爾姆斯曾經說過：「人把自己的念頭（或稱之為「想法」）擴展成為一種新的觀念之後，就再也不可能回到它原來的面目中去了。」我們每個人都天生地具有無與倫比的意志力、判斷力和創造能力，然而在現實生活中，這些能力卻總是被大量的錯誤感覺和錯誤觀念所淹沒，使我們生活在一個看上去很適合人們需要的環境中，由此使每個人形成了對我們所生活的這個複雜世界的固定的信念，然而，這些信念往往並不全是真實的。

例如，大多數人都相信，海洋是一個龐大的系統，在我們這個世界上永遠都會有十分豐富而潔淨的水。而實際情況

是：水是相對欠缺的資源。請注意，從地球表面到地球的中心約有三千英里，而海洋的平均深度僅為 3,682 公尺，這就是說，並沒有取之不盡、用之不竭的水資源來供養全世界的五十多億人。

還有一種觀念認為，如果合理利用，海洋將是全人類食物的主要來源。但是，不容忽視的事實是：海洋生產食物的效率遠遠低於陸地。在海洋，需要投入一千噸草才能生產出一噸鮪魚；而在陸地，僅僅用十噸草就可以生產出一噸牛肉！

積極思考，迎接挑戰

人生的道路無論是坎坷還是平坦，是崎嶇還是筆直，都必須用一定的思考來照亮。沿著不同的思考路線，你可能陷入深深的困惑和失望，也可能一直攀登到輝煌的頂峰。觀察窗外的世界，你既可以看到艱難和險阻，也可以看到希望和機遇。它們是一枚硬幣的兩面，每一面都有豐富的內容。你集中注意力在其中有意識地選擇什麼，什麼就會與你同在；而且這一存在便會在你的意識中成長壯大。你接受了它，你就會用它來創造你的世界，而它也就成了你解釋面臨的各種事物的方式。也就是說，它成了你心靈的「眼睛」，你用它來反射客觀的事物，進而在你生活的地球上，用它來為你自己製造一個天堂或地獄。

第一章　學會思考

　　有一種積極的思考方式，目前還沒有被大多數的普通人廣泛地接受和運用。這種思考方式是一種講究實際的思考方式。這種思考方式認為，人們在他生活的旅程中，面臨著各式各樣的選擇，而其中最有可能實現的選擇，才是最佳選擇。

　　積極的思考方式，不是幫助你製造逃避現實的藉口，而是幫助你去創造更為穩固的現實生活；不是促使你畏縮不前，而是促使你具有更高的行為效率和更好的行為表現。它幫助你正確地觀察世界，而遠離這個社會裡那種十分流行的悲觀論調。它不允許你生活中10%的不完美的東西去影響和控制你100%的思考和現實存在。它認為你的真正的現實，是你所要創造的現實。換言之，人們對現實世界的洞察力的差別，導致人們產生不同的思考方式和不同的行為表現。

　　每個人作為獨立的個體，彼此各不相同，各具特點。但我們有很多地方又是相同的：我們出自同一個生物品種並同樣幸運地具有取得高度成就的潛力。所有的人都具有獨特天賦和能力，都同樣擁有一週七天和一天二十四小時的時光，只可惜它們常常未被充分地開發和利用。現實生活中，我們常常面臨一連串的選擇，而做出怎樣的抉擇，這是你的權利和自由，也是你的責任和義務。你唯一沒有選擇餘地的，是必須做出選擇。

　　積極思考的過程比人們所了解還要簡單得多。積極思考
首先要集中注意力在各種問題的積極面向，並用積極的語
言、表情和活動來表述自己。可以透過自我訓練，來提高運
用積極思考的能力。可以從好的甚至壞的事情中學到經驗和
教訓，因為了解事情為什麼壞，就可以使它不再壞下去。

　　運用積極思考的方法，還會使你大大地增強生活的幸福
感。幸福、快樂是人的內心活動的一種表現，也是採用某種
心理策略的結果，這種結果使生活更具高效率、更令人滿
意。當然，我們不能期望，在我們生活的每個方面都能如願
以償。但是，你只要肯花費力氣去開發你本來就具有的天賦
和才能，你就有可能取得你所期得到的成就。「我們知道我
們是什麼人，然而我們卻不知道我們會成為什麼樣的人。」
這是英國著名詩人和劇作家莎士比亞透過敏銳的觀察得出的
結論。

　　目的明確的行為可以使你處於自我控制的狀態，它能幫助
你擺脫環境方面的偶然因素對你的影響，擺脫由他人決定你幸
福程度的狀況。因此，請你將這本書讀下去，若能這樣，你一
定會發現「你自己到底是個什麼樣的人」以及「你的才能和你
已經取得的成就是什麼」。透過本書列舉的實例，你可以嘗試
著判定一下你的信念是什麼，以及它所起的作用是什麼。如果
你能發現並確定是什麼使你成為今天的你，你就有希望更好的

第一章　學會思考

參與人類發展和繁榮的活動。只有在這個領域裡，你才能真正開發和實現你作為一個活生生的人的無限潛力。而學習他人的經驗也就具有非常重要的意義。

你對自己的看法決定你的一切

讓我們來看這樣一個例子，在一家公司的大辦公室裡，一個重要的會議正在進行，會議的宗旨是確定來年的銷售目標。這家公司的市場部主管湯姆想把本年度最好的銷售員麥克介紹給出席會議的其他銷售代理商。首先，他請麥克走到前面來，然後向大會介紹麥克取得的成績。在一片熱烈的掌聲之後，湯姆向與會的全體成員提出了一個具有挑戰性的問題：「我希望大家好好想一想，麥克到底在哪些方面與眾不同？是什麼使麥克贏得了如此顯赫的成績，而你們卻不能做到？」他繼續說道：「難道是麥克的智商比你們高出五倍？不，測驗記錄顯示，他只不過具有普通人的智商；難道是他受到更好的教育？不，他透過進修才獲得了商業管理學士學位，那是他花費數年時間堅持不懈上夜間部的結果。難道麥克是靠加班或放棄假期嗎？不，他的出勤報告顯示，他的休息時間與大多數人一樣多。難道是他的銷售區域更大嗎？不，他的銷售區域的大小跟大部分人差不多。他在本公司過去五年的工作經歷也很平常。事實上，麥克的所有方面都很普通。」

　　湯姆繼續說：「麥克，你真的把我們難倒了。是什麼使你今年的銷售成績名列前茅呢？難道是你的運氣比別人更好？」

　　麥克回答說：「不，我不這樣想。在過去的一年裡，我始終恪守每項銷售約定。我及時把握了每個銷售時機，確保落實已收到的每份訂單，熱心為客戶提供盡可能完善的服務，確保及時供貨。六年來，我一直堅持上夜間部，完成了學業並取得了學士學位。從去年至今我讀完了十本有關推銷技巧和管理技能的書。因此，我覺得我能做出突出的成績，並不是靠運氣或者是我的命好，而是我有奮鬥不息的精神並對取得豐碩的成果充滿期望。我給自己制定了很高的目標：超過平均銷售值的五倍，我堅信我能夠達到這一目標。為此，我制定了周密的計畫，然後嚴格按計畫行動。實際上，我每天做的只是我計畫中的事。」

　　「這就是差別所在！」湯姆興奮地評論道，「這就是麥克做得如此出眾的原因。差別就在於麥克的思想品質更高。他想到要做到平均值的五倍，我認為，這就是他比別人聰明五倍的地方。我們必須懂得這樣一個道理：用高品質的思考開發出的才能，遠遠超出實際擁有的才能的總和。」

第一章 學會思考

與贏家對話

下面我們來看一看成功者們是怎麼說話的：

➤ 是的，將要發生的一般總是會發生的。但我絕不守株待兔，更不會束手就擒，我總是努力去促進或者去阻止它的發生。

➤ 是的，我相信我的命運掌握在我的手中，只有我才是我自己命運的主宰。

➤ 是的，我的運氣會對我的生活有些影響，但影響程度的大小，我完全有能力控制。

這些成功者認為，他們駕馭著自己的生活和命運，並且，他們也敢於對他們自己的所做所為負責。

現在，我們來駁斥最後一種觀點：運氣是成功的主要因素。

讓我先來講一個老人的傳說。這是一個很好的例證，它證明在現實生活中，運氣的作用是很小的。

這個故事講述的是一位老人，他看上去很平常，有一個可愛的兒子，一匹值得誇耀的心愛的馬和一些過日子必需的家產。但是有一天，那匹馬卻撞開馬廄獨自跑到附近的深山裡去了。這突如其來的厄運使他失去了最寶貴的家產。

聽到這件事，街坊鄰居都來向他表示深切的同情：「你的

馬跑丟了，真是太不幸了！」可是這位老人卻說：「你們怎麼知道這一定是我的不幸呢？」

果然，沒過幾天，那匹馬回來了，牠不但知道了哪裡有充足的食物和水源，還帶回來十二匹膘肥體壯的野馬。

村子裡所有的人聽到這個消息都跑來向老人祝賀：「你一下子有了十三匹馬了，真是好運氣！」這位智慧老人反問道：「誰能說得準這一定是好運氣呢？」

人們祝賀的話才說完，第二天，老人唯一的兒子，試圖去馴服其中的一匹野馬，從馬上摔了下來，摔斷了左腿，終生成了瘸子。

街坊鄰居聽到這件意外的事，再次跑來探望，說：「你的兒子從此落下殘疾，真是太不幸了！」老人又一次反問道：「誰能肯定這一定是壞事呢？」

意想不到的是。過了一年，一位督軍到村裡徵兵，所有的青壯年男子都被派去打仗。一場戰鬥結束，士兵們全員戰死，只有老人的兒子因為失去了左腿依然留在村裡，因而倖免於難。

這個故事的寓意是，你不可能知道某件事的結果是好運還是厄運，所以，不要指望命運會帶你到你想去的地方。

第一章　學會思考

培養現實的思想觀念

　　世界「共同基金會」的成員之一、成就卓著的約翰・馬克斯・鄧普頓，在接受來訪者的提問時，曾被問到：「你認為，你獲得成功的最重要因素是什麼？」他回答道：

　　可能是因為，我的思想觀念是現實的。多年來，我一直相信，除了上帝之外，再沒有什麼更強大的了。人們所認識的現實其真實性往往是短暫的，它往往使人誤入歧途。例如，一個人一動不動地坐在那裡，我們往往認為他這時就是靜止的。然而由於人們居住的地球正在自轉，這個靜坐著的人也和所有的人一樣，正在以每小時一千英里的速度自西向東運行；又由於地球是圍繞太陽旋轉的，於是人們同時還在向另一個方向每小時行進二千英里；而太陽系又在圍繞銀河系中心旋轉，於是人們還在以每小時一萬五千英里的速度「狂飛」。以上所有這些才是完全真實的。由此可見，說一個人正在坐著時是靜止的，實在是一種誤解。

　　現在請你思考這樣一個問題：如果剛才討論的「一動不動地坐著是靜止的」這樣簡單的問題，我們都會出錯，那麼，對於複雜的問題，例如，關於「人們獲得成功的潛力」問題，將會出現多大的錯誤呢？有一種說法，粗略地看來，它不可思議，然而卻是十分正確的，這就是，一個人用來構成自己基本信念的資訊幾乎總是不準確的、不充分的或

者說是非理性的，這些資訊絕大多數都無法通過現實的實際檢驗。

了解你心理活動的四大規律

有一個壓倒一切的根本規律和四個基本規律管理著成功系統的運行。你需要了解這些心理規律是如何控制你的行為的，因為只有了解了原因，才能學會控制結果並使你的願望得以實現。

第一個心理規律稱作因果規律。因果規律是宇宙的基本規律。因果規律認為，你生活中所有的行為或事件，都有一個預先的原因。這也就是這個世界上每一件事情發生的理由。正如你學習過的物理知識，每一個作用力都存在著與之相等的反作用力。

同樣道理，你生活中的每一件事也都預先存在著起因。你的思想是起因，而你的實際狀況是結果。你的思考方式是決定著你目前所處社會地位、財產狀況和事業成就的首要原因。如果你想改變你未來的生活，那就必須從現在起改變你的思考方式。你總是在連續不斷地變化和成長著，而且這種變化和成長又總是持續不斷地告訴你的內心你的願望是什麼。

下面的這些心理規律都是因果規律這個首要規律的推論。它們揭示出一種自然的關聯性，這種關聯性每一分鐘、

第一章　學會思考

每一天都存在於人們的思想控制與人們的實際表現及其取得的實際成果之間。人們在生活中所體驗到的幸福和富足程度與他們經過努力所取得成功程度緊密相關。

第二個心理規律是控制定律。這一規律是說，首先只要你決定接受責任，你就能進行控制。這就像一名飛機駕駛員或公車司機，只要他們握住了方向盤，他就必須對這一交通工具擔負起責任。他知道無論他的行為造成什麼後果，他都必須承擔全部責任。他也了解到，要真正承擔起這份責任，全靠他的雙手對機械的正確操作，一旦失去控制，就會使整個飛機或汽車上的人遭受死傷的厄運。人的思考機器如果出了毛病，生活的方向盤失去了控制，也將給人帶來無窮的煩惱甚至不幸。只有系統地用美好的思想充實你的頭腦，為了達到目標認真負責，盡心盡力，你才能有良好的自我感覺。

人們在現實生活中總會遇到一些意外事故，很難或根本不可能控制它們。嚴重的事故和死傷的事每天都在發生。但是即使在這種情況下，你仍然有責任並且有能力掌握和控制你對這些不測事件的反應，並從而控制它對你生活造成影響的程度。掌握了自己的思考、行動和行為表現，就掌握了自己的命運。

一個人在一生中對自己思想和行為要百分之百地負責，除了全心全意地擔負起自己的全部責任外，再也沒有別的方

法可以控制自己的思想和行為了，這就是說，控制和責任必須結伴而行，才能產生積極的思考和行動。控制定律是使人保持精力旺盛、心態平穩、充分自信、情緒積極的首要心理規律，它從控制人的思考開始，控制人的行為表現，也控制人一生的生活品質和幸福程度。

第三個心理規律是信念定律。信念定律是說，一個人一旦接受了某種信念，這種信念就會變成他的現實。許多人都懂得自己應當選擇什麼樣的信念。人的每一個信念就是一種選擇，如果一個人希望在一生中不斷進取，就必須選擇一個核心信念。一個人是他的全部信念運作的直接結果，這些信念可以為一個人創造出一個合乎邏輯的或者充滿偏見的現實世界。一個人只能讓各種資訊與自己內心最深層的信念保持一致，而不管這些信念是否與真正的現實保持一致。

信念是改變人的一生的最積極、最強大的力量。即使一個人所堅持的信念是建立在缺乏事實的基礎之上的，其中存在著許多錯誤、非理性的資訊，這個信念仍然指導著一個人的思考方式和行為方式。信念直接發出訊號或命令到人的大腦，大腦則幫助一個人從內心深處釋放最豐富的資源。彌爾這位英國哲學家、政治經濟學家曾經談到：「一個抱有信念的人所具有的力量與九十九個僅有興趣的人的力量相等。」

一個人持有的虛假信念會對他本身和他的行為展現產生

第一章 學會思考

最大的破壞力，因為自我限制的信念只會導致自我拆臺的結果。各種自我限制的信念，不論它們是以事實為基礎，還是以臆想為基礎，都會變成真實，其真實的程度則取決於人們忠誠於自我信念的程度。其最終的結果是一個人的表現水準與他們的信念保持一致，而不是與他們所具有的潛力相一致。正如《聖經》所說：「你若能信，在信的人，凡事都能。」

這個心理規律並不是今天才發現的，早在幾個世紀前人們就已經發現了它。遺憾的是，只有極少數的人了解它並堅持運用在自己的生活中。近年來，曾被大家廣為傳誦的一本書，《信念的魔力》中論述了信念的規律。這部書於 1999 年出版，至今仍是一部暢銷書。書中透過富有寓意的短小故事和實際生活經驗，說明信念對信仰者具有何等巨大的力量，這種力量可以使人不斷奮進，也可以使人裹足不前。

信念的樹立必然影響一個人的期望，特別是對個人業績和未來歸宿的期望。如果一個人期望得到積極的成果，他就會傾心於為實現這一結果而積極地行動。如果一個人的期望是消極的，他的結局也必然是消極的。這就意味著，你如果抱持著自我實現的信念，你就必然會促其實現。取得突出成就的人們在他們與自己或與別人交談時，總是說他們是如何努力使希望成真的，於是他們也就真的會成功地完成他們期望的事業。

為了說明這一點，讓我們來看看下面的例子。研究人員透過一項「頂尖能力表現」的智力測驗發現，一個人的知覺良好（不論男人或女人）是成功的首要因素。在一項測驗中，研究人員先向志願受試者提出了十個完全相同的智力測驗題，但是給受試者的分數是虛擬的。一半受試者被告知，他們的成績很好，十個題目答對了七個；而另一半則被告知成績很差，十題中答錯了七個。此後在進行下一項智力測驗時，被告知第一項測驗成績很好的那一半人，在完成第二項測驗時，實際成績比第一項測驗後的虛擬成績更好；而另一半人的實際成績則比第一項測驗時的虛擬成績更差。

這個實驗顯示，過去的成功與對未來取得好成績的積極期望相結合是獲得進一步成績的首要激勵因素。要注意的是，個人的期望並不是必須以事實為基礎，它只是一種原發的和認可的信念，不管它是真是假，一樣會產生不同的結果。

第四個心理規律是專心定律。專心定律是說，不管做什麼事情，你第一次就對它專心致志，長此以往，它就會常駐在你的經驗記憶裡。於是，你就可以控制自己專心地做任何一件事。你可以用專心於成功的結果來發展一種成功意識。你首先必須創造出這樣的心態，即你總是真心實意地去做，有了這一心態，無論做什麼，你都不會半途而廢。

第一章　學會思考

我們知道，自發性思考在一個特定的時間裡只能思考一件事，不是積極的，就是消極的，永遠不可能同時思考兩個方面的問題。如果你發現自己有一種消極的、非建設性的思考，特別是一種病態的畏縮心理在發展，你就必須找到有效的方法去消除它。方法之一是面對你的思考螢幕，堅定地按下「取消」按鈕，把它從螢幕上消除掉，使它再也看不見。方法之二是反覆在內心對自己說「停止」，或者大聲喊出來，一次又一次不停地進行。上述兩種停止思考的技術必須緊跟上積極的思考，將思考轉向集中於期望的目標和想達到的結果。

挑戰兩大對手

大多數人都有兩種畏懼感：一是怕失敗，一是怕被人拒絕。這兩種畏懼都來自童年，是童年時期受到否定或傷害而造成的缺乏自尊心的結果。這兩種畏懼感是後天習得的情緒反應，它們對人們充分發揮自己的潛力形成的阻力，比個性的其他方面對一個人造成的影響更大。

大多數父母在教育孩子的過程中普遍犯了一個錯誤，即對孩子做粗暴無理的批評和專橫武斷的懲罰。這種行為傳達給孩子們的資訊是，他的自尊心和行為是同一回事。從此以後，這個孩子便開始把自我感覺和自我評價與他父母的意見結合起來，努力使自己的行為與父母的標準一致。當這種粗

暴無理的批評和專橫武斷的處罰不斷重複，成為一種日常的行為反應的時候，這個孩子所遭受的精神上的不安甚至傷害的痛苦，就可能在他一生中都形成不利的影響。因為這種教育方法不可避免地會剝奪一個孩子的個性，削弱他的內在力量並減少他發揮個人潛力的機會。

這兩種後天獲得的畏懼總會形成一種時常在頭腦中重複出現的資訊。畏懼失敗表現在語言上的特點，就是他們經常說：「那沒有用」或者「我不行」。如果總是一次又一次地對一個孩子說：「不」、「不行」、「到一邊去不要吵」，或者「別動它」，就會帶來上述後果。孩子們對各種事物都有好奇和愛追根究柢的天性，他們不理解父母為何會有這種反應，他們僅僅能知道的是無論他們試著做什麼事，他們的父母都做出否定的反應，父母總是批評、威脅和處罰。孩子們只能認為他之所以遭到這種對待，是因為他無能或者是不值得稱讚。

孩子在他們還小的時候，無法去區分什麼是正確的批評，什麼是不正確的批評。在他們的成長過程中，這種習慣性的消極的思考方式會在他們的內心扎根，使得他們在後來的生活中，無論遇到什麼新的挑戰或機遇，都會反覆地對自己說：「我不行」、「我會失敗」、「那太冒險了」，或者「我只會被批評並陷入困境」。這種對失敗的畏懼感會導致他形

第一章　學會思考

成一種稱作壓抑型慣性消極思考模式（壓抑型慣性消極思考模式是指不斷壓抑負面情感和想法，長期想到消極的事情且對自己和現況持消極的評價）。這種心態是大多數成年人謀求成功的最大障礙。

粗暴無理的批評和專橫武斷的處罰總是會降低一個孩子的自尊心和自信心。兩者對一個人在生活的各方面所具備的各種能力都有著破壞作用。那些在成長過程中總是遭受到粗暴無理批評的孩子們，在成年後就會成為神經過敏的人，他們會完全喪失很好地接受他人批評的能力，不管是建設性的還是破壞性的。

美國語言學家、原參議員早川一會在其所著《語言學的邀請》（*Language in Thought and Action*）一書中引述了一項在實驗室內完成的老鼠行為的實驗結果。這一項實驗顯示了專斷性處罰和破壞性批評會如何使這些老鼠永久地拒絕做出新的選擇。

在這些實驗中，執行實驗者最初訓練這些老鼠從實驗平臺的邊緣向下跳入兩個入口中的一個。如果這隻老鼠跳向右邊的入口，這個入口的門緊閉著，老鼠在撞到鼻子之後就會落入網中。如果牠跳入左邊的入口，門開著，裡面還有一盤食物等著牠享用。當這些老鼠經過訓練形成這種習慣之後，改變條件，把食物放在右門的後面，如果牠們想得到食物，

就得跳進右邊的門，而不是左邊的門。如果一隻老鼠經過多次跳躍後，每一次都沒有判斷出哪個入口撞鼻子，哪個入口有食物的話，牠最後就不再跳了。對這一個狀態，執行實驗者說：「許多老鼠寧肯餓死，也再不做選擇了。」

　　許多父母的另一個錯誤是，他們喜歡規定自己的孩子一些條件。這些父母在教育孩子時經常抑制自己的感情而以不再喜歡他（她）來威脅恫嚇孩子，以達到控制孩子行為的目的。這些父母沒有意識到，這樣做會對孩子的心理造成損害。如果經常採用讓子女服從或迎合父母的意思作為父母向子女表達愛的交換條件，這種做法在子女心理上造成的損害可能是永久性的。孩子們非常需要愛，他們可能為了得到愛而不顧一切。如果一個孩子只能得到有條件的愛，那他（她）很快就會失去天真、自主的天性。雖然這種操縱手段十分有效，但是會產生破壞性的作用，它給人留下的心理上的深刻傷痕，可能一生都抹不掉。它不僅在年幼時不能被孩子理解，在孩子成年後更會變成他們難以克服的心理障礙。

　　怕被拒絕的自我表現特點是常說：「我必須」或「我不得不」。這是孩子從只能得到有條件的愛和承認的經驗中學到的。這種情況是由孩子的父母造成的。他們向自己的孩子們表示，只有他們按照父母所承認的方式行動，才能得到他們的愛。當孩子們總是被告誡：「照我說的去做，否則……」、

第一章　學會思考

「我告訴過你多少次了，不許那麼做！」或者「現在你會得到處罰……」的時候，孩子們不理解他們為什麼會得到這樣的對待，他們只能想著，他們不配得到父母的愛，並因此感到不安，且感到沒有安全感。他們開始相信，除非他們老老實實地按父母說的和允許的方式去做，否則，他們就得不到父母的愛。孩子們懂得了：他們只有按父母的願望行事，才能博得父母的歡心。

怕被拒絕心理導致一種強制型慣性消極思考模式（指長期持續想負面的事情，覺得無法改變現況或沒有希望，可能導致情緒低落和對生活的負面影響）的形成。孩子們在日常生活中總是處於有條件的愛中，他們在成年後的生活中就會表現出這樣的心理：無論做什麼事都首先考慮別人會怎樣看待他，然後才去想自己應該怎樣做，並以此來控制自己的生活。

這兩個消極的思考模式 —— 壓抑型和強迫型，可能在一個人一生中拖這個人的後腿。最糟糕的情況是，這兩種消極思考模式一起作用以反對你：「我不能，但我知道，我不得不這樣做」，或者「我不得不做，但我做不了」。你被強迫去做，但又害怕去嘗試。你所面對的是你認為根本做不成了的事。這兩種畏懼感只會暗中破壞一個人積極的自我感覺。我們知道，缺乏積極的自我概念是一個人經歷不幸和失敗的

主要原因。消極的自我意象和淺薄的自我概念，比任何單一的因素對成年人發揮自己的全部潛力所造成的阻礙都還要更大。

與畏懼告別

消極的慣性思考模式反映出一個人在生活的早期階段所形成的許多畏懼。這些畏懼對人的心理來說都是不正常的，因為所有的消極思想必然導致消極情緒，進而損害人的心理健康，造成行為表現出低落。積極的情緒會使你感受到無限的快樂，這是你在生活中全力以赴所得到的結果，是打開幸福和成功之門的鑰匙。正如海倫‧凱勒所指出的，生活中的所有的享受和快樂，不是你看到了什麼或聽到了什麼，而是你感覺到了什麼。

我們已經了解，消極的思考模式可以從一個人的生活中消除。現存的消極情緒，不應把它們看做是一成不變的，你應該透過學習以新換舊，用積極的情緒說：「是的，我能！」來取代自我懷疑的消極情緒。其方法與一個人最初產生消極情緒的過程一樣，要專心致志地不斷重複「是的，我能！」這種積極的情緒。

人們能從自己的生活中消除各種消極的思考與情緒，是人的大腦的第四個偉大的奇蹟。這是一個接受責任、執行控制、並一次又一次進行學習的過程，透過這樣的學習，一個

第一章　學會思考

人就能夠為了產生他所希望的情感，選擇他所希望擁有的思想。

透過多次的重複，你可以培養出新的、更加積極的思考方式，最後變成一種習慣。人的大腦慣於使用大量的現成的思考素材，或者說用已經編好的思考程序來指揮人的日常生活。一個人對自己的思考模式了解得越清楚，就越能幫助他斷定自己在哪些方面存在困難。這些思考模式既可以在日常中對人的簡單的知覺起作用，也可以對人的整體生活產生影響，在處理與他人關係的方式上則更有重要的意義。你怎樣處理人際關係中的交流、和解和爭執？你慣於使人際間的衝突擴大還是縮小？處理人際關係的方式和品質是人生中極其重要的事情。

你必須了解到，外部事件在它的組成中極少有情緒成分。所有外部事件其固有的特性是中性的，只有你對它們產生心理反應並賦予它們情緒意境時，它們才具有情緒上的色彩。大約90%的畏懼都是想像出來的，它們是人的思想的產物，而不是現實的存在。不幸的是，人們總是強迫自己去想像它們。正如英國短篇小說家吉卜林所寫的：「與世界上到處都有說謊的人比較起來，有時最糟糕的事倒是自己的各種畏懼。」

人的一生中，要消除不必要的畏懼的關鍵，就是從現在起就開始創造並堅持一種積極的意向。把全部精力用於當

下，是為了從過去發生的事情的糾纏中解脫出來，不要去想像將來會不會再發生這種事。

　　如果從今天起，控制住你的思考並集中精力於現時發生的事，你就不會再有畏懼心理。否則你就會在回顧過去和展望未來的時候都去體驗畏懼。

　　在絕大多數情況下，是沒有理由產生畏懼感的。人的畏懼感的確是由他自己在頭腦中製造出來並用心去感受到的。如果一個人總是沉浸於往事，那他只能輕視現在並抱怨未來。

積極地掌握暗示的力量：是的，我能！

　　為了更好地理解你過去的「程式編寫」，有一點是十分重要的，那就是要了解暗示究竟在起著什麼主要的作用。可以這樣說，暗示在日常生活中無處不在。你所見到的、聽到的和讀到的，以及你所經歷的每一件事都受到暗示的影響。嚴格地說，人們是在被暗示包圍著的環境中生活：朋友、家庭、住宅、工作地點、電視、網路、報紙和雜誌，每個人周遭所有的一切都對他的自我感覺和想法產生極大的影響。

　　所有這些來自外界的、具有誘導性的影響因素就是暗示，這些因素影響並決定著一個人會成為一個什麼樣的人。所以，我們對暗示可以做以下定義：

第一章　學會思考

> ➤ 透過某種發送刺激的媒介，對一種思考、信念、決策產生誘導或企圖產生誘導，無論是以語言形式還是別的什麼形式，但不包括說服；

> ➤ 暗示的刺激都具有聽覺和視覺的性質，一種媒介的暗示刺激需要以迂迴包圍的方式發揮其關鍵性的的功能來引起行為。

人們不斷地從自己的周圍環境接受到各種暗示，在大多數情況下，人們都把這些暗示當做是一種有效的自學內容來接受。因為，十分遺憾的是，沒有人有足夠的時間和能力對自己生活中經歷過的每一件事進行深層的分析和認真的評價。所以，人們被迫接受除了「說服」以外的關於自己和周圍世界的許多「事實」，並盲目地認為它們都是真實可靠的。在這一過程中，人們便也接受了影響自己一生信念的暗示。

暗示用兩種不同的方式被人們自動地接受：一、暗示可以從意識流進到自己的潛意識，這是學習過程的一個組成部分；二、暗示還可以從潛意識流回自己的意識，這是先前學習的東西構成了習慣性思考的結果。無論是哪種情況，自我暗示對個人的態度都有著深刻的影響，隨後對個人的行為和表現也同樣產生巨大的影響。

▌步驟二　帶著夢想去高飛

成功者和失敗者之間最大的區別就在於是否擁有目標和夢想。它們直接決定著你的成功與否，並為你的人生賦予了許多重大的意義。

成功者擁有目標和夢想

成功者和失敗者之間最大的區別就在於是否擁有目標和夢想。它們直接決定著你成功與否，並為你的人生賦予了許多重大的意義。無論何時，當你在內心深處問自己下面這些問題時，都是你所追求的目標在影響著你：

- ➤ 我要努力實現什麼？
- ➤ 我明天要去做什麼？
- ➤ 我要成為一個什麼樣的人？
- ➤ 我要怎樣度過我的一生？
- ➤ 人生的意義何在？
- ➤ 我現在要做些什麼？

可笑的是我們中的許多人從未曾有意識地問過自己這些問題。如果你也是這樣，那麼生命對你來說就是一種浪費，而且許多機遇將會與你擦肩而過。有兩句話你從前也許聽過，在此我們有必要再重複一遍：

第一章 學會思考

「沒有夢想便談不上令夢想成真。」

「失敗的計畫意味著計劃失敗。」

這兩句話所講的道理都是顯而易見的，但是它們常常被人所忽視。

讓我舉一個簡單的例子來告訴你目標是如何改變你的人生的。假設你有一份工作，每天你要走十公里的路去上班，每週工作五天。在路上你會經過一個考照練習場。在這個考照練習場前面立個大牌子：「駕駛培訓！」每次你路過時都會想：「如果有一天我能學會駕車該有多好。」如果你每天都過著目前的這種生活，那麼你永遠也掌握不了駕駛的技巧。你頂多只會坐公車回家，一週裡有五天你都要路過那個考照練習場。而那句「如果有一天……」只是實現不了的空話。

三種不同的目標

一般而言，目標可分成三種，對於你來說，能夠分辨清楚不同的目標是很重要的。

➤ **簡單的目標**：指的是那些只要你肯開始去做就一定能夠實現的目標，考取汽車駕駛執照就是一個很好的例子。一旦你決定去考取一張汽車駕照，那麼這條路一般都是很平坦、很順利的。你只要花一點錢，撥出一些時間，按時上課，就會有所收穫。還有許多目標也與此類似：

- 「我想擁有一輛紅色的賓士。」為了達到這個目標,你所要做的就是去賺錢。在某些情形下,你甚至不必有足夠的錢,你該做的就是去找一份薪水豐厚的工作。這樣,你明天就可以租一輛紅色的賓士車。

- 「我想獲得碩士學位。」為此你要做的就是努力學習,以便通過入學考試,並在研究所裡順利拿下各學科及格。

- 「我想有一幢漂亮的房子。」你要賺到足夠的錢,並找到願意提供你貸款的金融機構。接下來你就可以挑選一幢你夢寐以求的房子。

- 「我想獲得一份好工作。」你首先要找到能令自己從中享受樂趣又能得到豐厚薪資的工作,然後學會獲得這份工作所必需的技能,最後再去申請這份工作。

- 「我想自己做生意。」你首先要了解各種不同類型的生意,然後找出自己喜歡的,並且存夠本錢。或者你可先為從事此種生意的人工作,從中學習做生意的各種技巧。

- 「我想去法國旅行。」你要賺到足夠的錢並買好機票。

- 「我想了解電腦是如何工作的。」你要為此購入一些書籍或參加電腦培訓的課程。

- 「我想建立一個慈善組織,來幫助那些無家可歸的兒

童。」你先要了解籌建這樣一個組織要做哪些準備，然後去尋找與你志同道合的人。

……

➤ **需要擁有頑強的意志力才能達成的目標**：簡單的目標之所以會令人覺得美好就是因為它很簡單。在起點和終點之間有一條清晰的路徑。而那些需要擁有頑強的意志力才能達成的目標卻與此不同，因為這條通往終點的道路隱藏在荊棘叢中，你只有在經歷無數次痛苦之後，才能找到令你實現夢想的成功之路。這意味著沿途上你會一次次地跌倒，但在每一次失敗中你都會學到寶貴的經驗，而最終你一定會令夢想成真。下面就是一些這樣的目標：

· 我要成為最暢銷的作家。
· 我要成為最耀眼的女明星。
· 我要成為大公司的總經理。
· 我要在奧運會上拿獎牌。

➤ 不切實際的目標 —— 有些目標是無法實現的。例如，「我要在千分之一秒內跑完馬拉松全程。」為了實現這個目標，你奔跑速度要達到每小時 1.5 億公里，比太空船還要快五千倍。你對此可以重新設定目標，讓它成為屬

於第二種類型的目標。或者你可以把它轉化成與此類似的目標,像「我要跑完馬拉松全程。」

看看上文中列出的簡單目標。如果你決定從中選出一件成為你的人生目標,那麼你的夢想一定會變成現實。

再看看第二種類型的目標。達成這些目標的成功之路可能模糊不清。但是如果你不開始行動,你將永遠也不會實現這些目標。你心中要懷有夢想,同時更要每天腳踏實地地為了令夢想成真而去努力。

目標的影響力

你所追求的目標會對你的一生產生巨大的影響。它們完全改變了你每天看待事物的方式。這裡有一個很簡單的例子,假設你問自己「明天我要做什麼」,如果你沒有任何追求的目標,那麼你很難對這個問題做出回答。每天你都只不過是躺在沙發上無聊地看著電視,日子在你身邊無聲無息地溜走。

如果你有目標,那麼回答這個問題就會容易得多。只要你為自己樹立目標,哪怕只是簡單的目標,你都會制定計畫去實現它。如果你想得到汽車駕駛執照,把這當做你努力的目標,那麼你通往成功的道路便會清晰地顯現出來。為了拿到駕照你要找工作賺錢來支付駕訓班的費用。因此,問題

第一章　學會思考

「明天我要做什麼」的答案已經很明顯了。你不是去工作賺錢，就是去上駕訓班，接著就是為了通過筆試而複習。你可以決定自己要走的每一步。

因為年輕才有夢

你的夢想是什麼？為了實現人生的夢想，你為自己設立的目標是什麼？對你來說，你要明白沒有什麼能限制你的夢想。

請看下面的例子：

- ➤ 我想到月球上去生活。
- ➤ 我想成為牛津大學的一名客座教授。
- ➤ 我要贏得諾貝爾獎。
- ➤ 我要在奧運會上拿金牌。
- ➤ 我要成為足球隊員中的一員。
- ➤ 我要成為一名百萬富翁。
- ➤ 我要為消滅世界上的貧困做一些貢獻。
- ➤ 我要在繁華的紐約擁有一家自己的公司。

在這個世界上有什麼能夠阻止你實現夢想的嗎？只有你自己。許多人都會成為百萬富翁，為什麼在這些人當中沒有你？從現在起十年間，一定會有一個你的同齡人成為牛津大學的客座教授，為什麼這個人不是你？若想實現這些成績，

你現在就需要為自己設立目標並馬上行動起來，朝著這個方向不斷努力。最終你可能會實現自己的目標，也可能不會。但你要記住一點，就是你與別人一樣擁有成為百萬富翁的機會！你現在所要做的就是馬上朝著這個方向前進。因為年輕，所以我們才一直有夢想，也是因為這個最初的夢想才讓我們一步步地走向成功。

如何設立目標

當你參加面試時，常常會被問及：「你近一年、近五年、近十年的目標是什麼？」為什麼有許多人都無法回答出這個問題？為什麼雇主們都很喜歡那些有追求有目標的人？雇主們都很想知道你的目標是什麼？因為只有擁有目標的人才會獲得成功。特別是那些認真思考過自己的目標並且能在面試中將它們清楚地表達出來的人更是這樣。有目標就是說你有人生規畫，這意味著你在工作上也會是有計畫的。有目標也暗示著你有管理能力，它代表你有很好的統合技巧，並能夠把頭腦中所想的東西付諸實現。

從現在起的二十年內有許多人會成為百萬富翁，為什麼在這些人當中沒有你？要想取得這樣的成就，你唯一的路就是為自己設立目標並馬上行動起來，朝著這個方向努力。你與別人一樣擁有成為百萬富翁的機會！

第一章　學會思考

　　有人曾訪問過一些人並問他們這個問題，你會發現其中相當多的人都沒有目標，他們從未問過自己這樣的問題，也從未考慮過自己的未來，更從沒有為自己設立目標或制定人生規畫。他們無所事事地度過每一天，如果他們有工作，他們會去上班，那是因為他們「不得不去」。他們每天上班、下班，一成不變地重複著單調乏味的生活。正是由於缺少長期的打算和方向感，生活對他們來說才變得毫無意義。

　　在你的一生中，什麼是你的目標？你想努力實現什麼？如果你對此從未認真思考過，那麼你便難以回答出這兩個問題。你最好拿出一張紙，坐下來好好想想，也許幾天以後你會尋找出「有朝一日」你想成就的東西和你最大的夢想。問問你自己下面的問題：

- ➤ 我想實現什麼？
- ➤ 我想成為一個什麼樣的人？
- ➤ 如果我能隨便挑選世界上的工作，那麼我會喜歡什麼樣的工作？

　　……

　　畫一張表格，列出你所有的願望和夢想。每天看一遍，你會發現許多隱藏在你身上的東西 —— 那些你隱約知道但從未寫出的東西：

- ➤ 我想去環遊世界。
- ➤ 我想在樹林中蓋一幢漂亮的房子。
- ➤ 我想有一個理想的伴侶，並擁有自己聰明可愛的孩子。
- ➤ 我想學滑雪。
- ➤ 我想成為一名醫生。
- ➤ 我想為解決人類貧窮問題做些具體的事情。
- ➤ 我想經營一家大公司。
- ➤ 我不想在人前表現得很害羞。
- ➤ 我想開一輛耀眼的跑車。

　　把所有這些都列出來，任何你想要達成的目標，無論是你要花兩天還是二十年才能實現的目標。

　　在你做完表格之後，你還要做兩件事，第一，你要在每件事後面標出完成它可能需要的時間。像「一週」、「一年」、「五年」、「二十年」等等。你也可以對它們做些注釋。其次，你還可以在你認為很重要的目標旁邊標上星號。

如何實現目標

　　你可能會問自己一個問題：「這樣的方法有用嗎？」「我真的能實現這些目標嗎？」為什麼不能？唯一能阻止你的只有你自己。你能為自己立下目標，你與別人一樣擁有實現它的機會。你也許還會問自己另外一個問題：「我如何才能

第一章　學會思考

實現這些目標？」在許多情形下，說出這些目標很容易，但做起來卻並不容易。例如，你的一個目標是「我想參加賽車大賽」。這是一個很好的目標。為此你不得不到賽車場去練車，其他的選手也會這樣做。下一步該怎麼做？留心一下，你就會發現有許多賽車學校。你可以到那裡從基礎學起，從開始一步步學。如果你真的想參加比賽的話，你將會發現需要的費用很昂貴，於是你不得不想辦法賺錢。你唯一能做的就是去找一份好工作，或是找一個導師或贊助人。這可能會使你捲入找工作的競爭之中……你想到這些了嗎？當你為自己設立目標並努力實現它的同時，你會看到各式各樣的次目標相繼出現。

當你製作了這樣的表格並定下計畫努力去實現某些目標時，你會發現你真正地為自己設立了一些合理的目標。一個合理的目標：

➤ 應該十分清晰。

➤ 應該有一個明確的最後期限。

➤ 如果是一個大目標，那麼對它所涉及的次目標就應該有一個詳盡的計畫。

設立一個期限能幫你避免躊躇不前。例如，假設你的目標是要學會彈鋼琴。這個目標會涉及到一系列的次目標，包

括買一架鋼琴，找一個老師，賺到足夠的學費，還要去上課。如果你設定六個月為你買鋼琴的最後限期，而且六個月之後你並未買到，那你就該意識到要重新設立最後期限或乾脆放棄這個目標。設置最後期限能幫助你發現問題，並讓一切事情都在你的掌握之中進行。

當你陷入困境時，如果你能堅持問自己下面這三個問題，你就能夠找出一個很好的解決辦法：

> ➤ 我的目標是什麼？
> ➤ 我要努力實現些什麼？
> ➤ 我的選擇是什麼？

透過問自己「我的目標是什麼」和「我要努力實現些什麼」，你能夠令自己變得富有遠見卓識。你能夠有意識地去思考問題，而不再只是單純的對環境做出反應。而且透過問「我的選擇是什麼」，你能夠看清楚各種潛在的可能性。

▋步驟三　解開生涯的困惑

從現在開始就讓我們來逐步了解自己，了解工作環境，學習做生涯決定，並發展良好的工作適應能力，使你自己在最短的時間裡能清晰而明智地找到你的天空，並過著愉快而順利的新生活。

第一章　學會思考

生涯的困惑

　　明珠是一位高二的學生，正面臨選組的困擾。她很羨慕哥哥在電腦公司上班，自己對電腦也很有興趣，想成為一個電腦工程師，但是又無法釋懷想成為一個名作家的心願，從小到大老師都讚美她想像力豐富、文筆流暢⋯⋯，唉，到底該選哪文組還是理組比較好呢？究竟哪一條路較適合自己呢？

　　美香已經是大學財經系四年級的學生了，讀了四年大學，一點兒概念、心得都沒有。當初因為高中指考考不好，就照著分數被分發到這所大學，糊里糊塗地入學，沒興趣地學習，每次都是考前抱佛腳，勉強過關，但是她的心中很恐慌，只剩一年就要畢業了，真的「畢業」就是「失業」嗎？因為她不但對財經一點興趣也沒有，而且也沒有好好學習，非常心虛，何況挨了四年，好不容易脫離會計、經濟、統計的苦海，難道還要把剩下的歲月投注於商場嗎？唉！真是想都不敢想！該怎麼辦呢？

　　國銘在大學主修哲學，他是個喜歡思考、研究的人，也有心在這條路上繼續走下去，甚至讀碩士班、博士班。但是他的父親非常反對，經常罵他不切實際。每當父親說：「念哲學能當飯吃嗎？哪個學哲學的有大富大貴？都是一些光會想、光會說的窮學者而已，看你以後拿什麼養家糊口！叫你

轉念商科或管理學，你就是不肯，再晚就不能轉系了。」此時，國銘心裡一陣迷惑，究竟是興趣重要呢？還是飯碗重要呢？唉！真是煩惱。

　　大宇畢業後進入工廠擔任助理工程師已經將近九個月了，這是他人生中的第一個工作，在就職之前，他非常的嚮往、興奮。但是工作一段時間以來，他感受頗深的，原來他所憧憬的工作情景都與事實不符，例如，工廠並不重視新人在職教育，所有機會都給資深的同事；同事間沒有互助、支持，盡是勾心鬥角、惡性競爭；交代下來的工作不清不楚，又必須在不合理的期限內完成；有時候不小心在工作上犯了小錯，上司會毫不客氣地責罵你，使人信心低落……不僅在工作上不如意，工作的壓力甚至使得大宇的生活被改變了，他已經好久沒去看電影、爬山，以前那種不知人間疾苦的學生生活，好久沒有再享受到了，大宇心裡真是懷疑究竟是哪裡出了錯？是自己不對勁，還是工作環境不正常？

　　麗娜自從五專畢業以後，就進入一家公司從事檔案管理工作，至今已經兩年多了，當初會選上這家公司是因為離家近，交通方便，大公司有名氣，而且工作輕鬆，待遇也不差，如今做了兩年多了，覺得工作既呆板又繁瑣，每天面對著一大堆枯燥的資料，連一點生氣也沒有，好乏味啊！現在每天早上醒來想到要上班就有點厭煩，但又不得不去，心情

第一章　學會思考

真是矛盾極了。想轉行，做一種和現在不同的工作向自己挑戰，又不知道要轉哪一行？怕自己又「做一行怨一行」，或是越換越差……還是乾脆去插班考大學，再多學一點知識，讓自己有更好的就業條件，但又怕離開學校兩年了，不容易考上……還是繼續待著做原來的工作吧！雖然工作內容不怎麼樣，但做熟了，很順手，也很輕鬆容易，俗話不是說「一動不如一靜」嗎？唉！真難抉擇。

上面這些實例，你是不是覺得很熟悉？有些可能就發生在你自己或是你的同學、朋友身上。這種對自己的前途茫然，不知何去何從的彷徨心情，最常見於高年級即將畢業的學生身上；而進入工作世界，成了新鮮工作族的人，卻也不會因為上了班而安定下來，在頭二年的適應期間，最常見到他們那種不知是否「上對了船」的疑惑與掙扎。造成上述困擾的可能原因是什麼呢？

- ➤ 對自己不了解 —— 自己能做什麼，不能做什麼？對自己的興趣、個性、價值觀……等沒有太多的了解。
- ➤ 對職場世界不清楚 —— 世界上有那些行業？內容是什麼？需具備什麼能力或條件？
- ➤ 自己與職場不知如何磨合？如何做決定？
- ➤ 缺乏適應新工作、新環境的能力。

　　那麼從現在開始就讓我們來逐步了解自己，了解工作環境，學習做生涯決定，並發展良好的工作適應能力，使你自己在最短的時間裡能清晰而明智地找到你的天空，並過著愉快而順利的工作族新生活。

有效的生涯和職涯規劃的技巧

　　我們要如何計劃未來，並且達到目標呢？重要的是發展有效的技巧去實現生涯和職涯規畫。不管是要現在還是未來做生涯抉擇，你必須熟悉六種重要的技巧。

➤ 第一種技巧是有效決定的能力。我們的決定可以把我們的要求、我們的情況與我們所在的世界之間搭建一座橋。有了決定才會有所遵循。如果你不曾發展出有效決定的能力，你會有一種無力感、無用感及無方向感。

➤ 第二種能力是自我評估的能力，包括自己的能力、價值觀、好惡、個性、生理特徵、期望等等，作為生涯規畫的起點，也是達成目標的本錢。

➤ 第三種能力是評估各種生涯、職業的資料，尤其是要收集、分析適合你的期望及生活形態的職業資料。

➤ 第四種能力是結合你自己的主觀條件及客觀的資料以形成個人最滿意的生涯抉擇。

➤ 第五種能力是把自己銷售給雇主。學習如何去找工作，

如何接觸、推銷自己,包括自傳、履歷資料及面試的學習準備,最後能被雇主賞識而受聘。

▶ 第六種能力為工作適應與生涯擴展。進入工作世界後,就是進入一個新環境,如何在新環境中生存,工作得以順利愉快,以及如何擴展自己的生涯事業,使生命更加充實等等。

以上六種技能對生涯或職涯規畫的實現非常重要,也是本書的重要內容。它們是可以學習的,也能經由練習而更熟練,我們可以在做生涯抉擇時反覆地運用它們。熟練這些技能的人,能夠充滿希望、樂觀及帶著信心去期待美好生命的開展。

生涯發展的階段與使命

生涯週期的階段和任務與生命的發展有著密切關係,因為兩者都和年齡及文化規範有關聯性。但是,生涯發展在某些方面與生命發展仍是有所區別的。兩者間最大的差異是 —— 每個人都有生命、生活,但並非所有人都會有其事業生涯。

我們在此具體的為你指出生涯週期的階段與任務,其重點是個人在機構內的生涯發展情形。

以上是生涯週期的發展階段與任務的圖示表。簡單地

說，在個體進入某一行業之前，有一段時期是孩童或青少年學習自我了解及學習正確地選擇職業的階段，當然這是依據自己的才能、興趣、價值觀等條件，配合對各種職業資料的了解所做的抉擇。

生涯週期的發展階段與任務

生涯週期	面對的共同課題	特定的任務
(1) 成長、幻想與探索 （0～21歲） 角色：學生、求職者	(1) 發展有助於實際職業抉擇的各種基礎能力 (2) 將早年有關於職業的幻想轉換為實際可行的工作 (3) 依據社會環境及家庭環境、評估現實的阻力 (4) 獲得適當的教育與訓練 (5) 發展職場所需的基本能力與行為	(1) 發現並發展個人的需求、興趣與能力 (2) 從生活中尋找職業的模範人物學習 (3) 經由心理測驗與諮詢得到有關個人生涯的資訊 (4) 搜集有關職業、工作的正確資訊 (5) 發現並發展個人的價值、動機與工作企圖 (6) 做適當的教育選擇（如主修課程） (7) 在校努力求知以開闊自己的事業路徑 (8) 從參加各種活動中發展一個較全面且真實的自我形象 (9) 從工讀或打工中發現自己的事業興趣

第一章 學會思考

(2) 初進工作世界 （16～25歲） 角色：新手	(1) 進入職場—找到了事業生涯的第一個工作 (2) 調整自己以使自己的需求與雇主的需求能相符 (3) 變成機構或行業的一分子—首次感受到在機構內被接受	(1) 學習如何尋找工作、如何應徵、如何應對面試 (2) 學習評估有關工作與行業的狀況 (3) 通過甄選考試 (4) 選擇了第一個工作
(3) 基本訓練 （16～25歲） 角色：受訓者	(1) 應付現實職場中工作及同事相處間的震懾教育 (2) 盡快成為有效率的工作人員 (3) 適應每天例行的工作 (4) 被機構接受為能正常做出貢獻的一員—再次感受到被接納為機構內的一員	(1) 克服了缺乏經驗的不安全感並產生自信心 (2) 盡快明白機構文化 (3) 學習與第一個老闆或訓練人員相處 (4) 學習與其他受訓人員相處 (5) 接受代表機構的一切象徵，如制服、識別證、員工守則等等
(4) 生涯早期的工作者 （17～30歲） 角色：新進入職場的工作者	(1) 接受工作責任並成功地完成首次分派的工作 (2) 發展並表現特殊的才能與專長，為晉升或往後在其他領域的發展而鋪路 (3) 從依賴變成能平衡自己的需求，並在機構的種種限制中獨立起來 (4) 決定是否留在原機構，或為了自身需求與原機構之限制相牴觸而尋求其他出路	(1) 高效率地完成工作，學會如何做事 (2) 接受部分工作責任 (3) 接受部屬的角色，並學習與上司、同事相處 (4) 在工作中發展積極的進取心，全身心的投入謀求工作表現 (5) 尋找一位工作中的良師或支持者 (6) 依據自己的才能、價值、興趣及機構限制與機會，重新評估自己的決定是否正確 (7) 準備要長期全身心地投入或另謀他路 (8) 處理工作所帶來的成功和失敗感

(5) 生涯中期的工作者 （25～35歲） 角色：全職工作者	(1) 選擇一項專長並決定投入 (2) 繼續在個人所選擇的專職領域中學習 (3) 接受更高、更多的工作責任 (4) 變成一個有生產效率的工作人員 (5) 發展個人長期的生涯計畫	(1) 學習獨立 (2) 發展制定個人的成就標準 (3) 謹慎評估自己的才能、動機、價值期望，以決定自己所要達到的專業水準 (4) 謹慎評估機構的機會與限制，以決定下一步 (5) 建立與工作榜樣的良好關係，並學著做他人的榜樣或監督指導者 (6) 處理工作中的挫折與失敗感
(6) 生涯中期的危機 （35～45歲）	(1) 重新評估自己的事業發展狀況，以決定轉行或繼續往前進 (2) 評估自己的夢想、希望與現實的差距 (3) 思考工作與職涯對自己一生的重要性為何 (4) 滿足自己的需求，成為別人的工作良師	(1) 了解自己事業生涯的條件和狀況，個人的才能、動機和價值 (2) 確實評估個人的未來生涯 (3) 決定接受現況或是為未來另做打算 (4) 和別的同事建立良好的關係
(7) 甲：生涯晚期未擔任領導者角色 （40歲至退休） 角色：重要幹部，重要的貢獻者，或業務員（很多人停留在此階段）	(1) 變成別人工作上的良師，影響、指導別人 (2) 擴展多方面的興趣與技能 (3) 如果決定要追求一般的管理生涯，就要多加強各種管理能力 (4) 如果決定在工作事業外追求成長，就要接受日益減少的工作影響力與挑戰	(1) 保持在技術方面的才能 (2) 發展人際及團體合作技能 (3) 如何發展督導及管理技能 (4) 學習如何做有效的決定 (5) 處理與年輕同事間的競爭及職場攻擊 (6) 處理自己的中年危機及孩子離家獨立的問題 (7) 準備扮演領導者的角色

第一章　學會思考

乙：生涯晚期擔任領導者角色（也許較早便已到達此階段）角色：高階工作人員、經理、總經理	(1) 運用自己的技能與才能，謀求機構長期的利益 (2) 學習整合別人的努力及貢獻，並發揮較大的影響力，而不是緊迫釘人式的督導 (3) 選擇並訓練重要的部屬 (4) 對機構在社會上的角色做確實的評估 (5) 學習如何推銷自己的工作理念	(1) 從起初較關心自己變得對關心機構的利益 (2) 盡責地處理機構的機密事務 (3) 學習處理高階層的策略 (4) 學習平衡事業與家庭生活的衝突 (5) 學習處理較高層的責任與權利
(8) 衰弱與責任解除（40歲至退休，每個人衰弱年齡不太一樣）	(1) 學習接受權勢、責任的減弱 (2) 學習接受並發展能力、動機等減退後的新角色 (3) 學習過一種減少被工作掌握的生活	(1) 從嗜好、家庭、社會參與中尋求新的滿足方式 (2) 學習與配偶更親密地生活在一起 (3) 評估整個副業的生涯規畫，並準備退休
(9) 成長	(1) 適應生活形態與生活水準的巨大改變 (2) 運用自己累積的經驗及智慧，幫助其他工作人員	(1) 學習維護個人尊嚴及價值感 (2) 學習轉移自己的精力與能力到其他活動上 (3) 運用自己的智慧與經驗於生活中 (4) 從過去的事業生涯中達成滿足、成就感

　　進入某一機構後，個人一方面需要自我肯定，主動地學習某種可以貢獻的技能；另一方面必須學習做個好下屬，了解公司的組織架構，並願意做個初級、新進的工作人員，做公司內基本、繁瑣的雜事。學習如何培養可以貢獻的技能，

是生涯早期的重要學習任務。

　　當個人在公司內得到更穩固的地位，並脫離學習者的角色時，就開始能在某一特別的部門有所貢獻了。個人在此時可以準備成為某一部門的專家，並且能在沒有嚴格督導的情況下有效地發揮功能。表現好的話，會獲得晉升機會。但此時期最重要的是 —— 衡量自己和公司雙方的需求是否能互相滿足。在這個階段，個人必須培養自信心和能力去評斷自己的成就，並表現出獨立和可信賴的行為。對個人而言，如果工作是具有挑戰性的，則很可能就會繼續留在原公司或原行業中。

　　隨著年歲與經驗的成長，個人進入生涯中期，此時期的兩大特點是：

➤ 運用經驗與智慧使自己從專於某一部分的技術人員角色提升到一個掌握全面的管理人才或通才。

➤ 實現個人成長的需求，成為別人工作上的良師。大部分工作族發現：在自己生涯的早期，都會從機構內一些高階工作人員那兒得到指導、支持與協助，而當自己進入生涯中期時，會發現不但自己擁有想協助、提攜後進的需求與情懷，而且自己所擁有的智慧與經驗也會吸引年輕同事的注意與欽羨。因此，變成別人工作中的良師是生涯中期很自然的結果，包括成為訓練員、督導、專案負責人等等。

第一章　學會思考

　　對很多人而言，這是一個危機時刻，必須審慎重新評估
自己事業謀求新發展的情況及職業生涯在生命中的重要程
度，當然也包括考慮事業發展與家庭生活的關係，例如兩者
時間的分配及心力的投入為何？是否有衝突？如何解決？還
有工作所得能否滿足家庭需要，如果不能，要如何解決？是
否要放棄此行而另謀他職，或更努力以賺取額外或更多的錢
來符合需要呢？另一個危機是如何使自己足夠專業或專才，
在知識科技發達、變化快速的時代維持專業水準，如何與受
到最新訓練的年輕同事競爭，還有如何面對自己日趨不濟的
體力……這些都是此時期面臨的一些共同壓力。

　　生涯晚期的情況是較難描述的，因為它視個人所追求的
生涯類型而定，視個人是否擔任管理或領導者角色而定，視
個人投入情況而定，視其事業生涯是否成功而定，及上述這
些因素與其個人、家庭的互動情況而定。而擔任工作督導或
良師角色，及在將要退休時學習如何慢慢卸下工作角色、
職務，是此時期最重要的任務。而這是我們每個人都要面
對的。

選擇一個決定策略

　　面對你的目標，接下來該由你做出最佳的決定了。而決
定時的首要工作是決定用哪一個策略。

依賴型的決定

　　這是最容易的一種決定策略，我們也最常使用它，此時需要做的只是順從別人的抉擇，讓別人做決定。假如在某種情況下，其結果對個人不太重要的話，這種決定方式是最省力的。如果你和大多數人一樣的話，這種依賴性決定，往往是你在參與團體決定時所做的妥協結果。當然也有某些情況下是需要依賴性決定的，例如醫生建議，你的病需要住院開刀，而你沒有足夠的知識、資訊來參考、判斷、決定時，你只好依賴醫生的判斷來做決定了。

　　假如是由於害怕自己做決定，或為了避免探討問題的麻煩而做依賴性決定，就成了自我傷害，並且會導致不愉快的結果。因為雖然你沒做決定而是別人做決定，但那個決定常會不適合你，但你只能去接受，甚至於不能因為那是別人的決定而逃避不愉快的後果，你還是得自己面對它，並為別人的決定而負責或採取行動，所以它並不是一種有效的決定策略。

直覺型的決定

　　採用直覺式決定的人是所謂直腸子型的人，他們以個人的內在感覺來判斷事物，只要感覺是好的就行了。他們的決定是自發性的，在意識層次之外的，他們用很少的時間去收集資料或做理性的思考、計畫。因此在時間緊迫下，這種決

第一章 學會思考

定是很有用的，例如緊急狀況或不可預見的情境。

如果由於採用直覺式的決定而不去收集必須的資料來參考，其結果必然不甚理想，因為直覺反應常會受個人偏見的影響。

計畫性的決定

計畫性的決定包含了探索個人自身及環境雙方的需求，並且是針對不同的選項分析其利弊得失後才做的決定。採用這種方式比其他的決定方式慢多了，它需要花很多的時間去收集資料，探索和實驗，連細節都必須注意，也會針對各種情況提出疑問，然後找出答案。這些疑問會幫助我們預測可能出現的問題，並能促成更有效而順利的決定。這種決定方式並不排斥考慮個人的獨特意見，因此這種決定方式會耗損很多時間和精力，並非永遠是最適當的。有很多決定並沒有重要到值得花那麼多努力，或是有時你無法獲得所需的參考資料，如果要等所有資料齊全才做決定，可能會錯失良機。另外，採用這種決定方式的人，有時難免會犯了太過理智或太過獨立的錯誤，而不能反映實情，因為我們的感覺及他人的意見還是很重要且具有參考價值的。

一個理想的決定要包括上述三種方式的元素。這樣的一個抉擇或決定，考慮了內在與外在的資源、資料，衡量了所

有資料及情況的有效度,並且在必要時投入更多的時間去思考。因此,一個有效的決定,通常要把個人、他人及環境的各種資料、情形做整體考慮,才是最周到的。

機會 —— 能力 —— 價值模式

此模式主要包括下列四個元素:

> **我可以做什麼**:是指你所在的環境能夠提供什麼樣的機會給你。

> **我能夠做什麼**:是指你的能力是什麼?有能力做什麼樣的工作。

> **我想要做什麼**:是指你個人的價值是什麼?分析環境之後,在很多選項中優先選擇什麼?

> **我應該做什麼**:是指你認為在所處的環境中,你的義務是什麼?應該做什麼?不同於環境給你的責任或對你的期待,而是你自己認為該做些什麼。

了解環境中的挑戰與機會 —— 我可以做什麼

在做生涯規畫時,應該注意各種環境狀況與趨勢,不僅要了解過去的情況,還要了解現況,更要分析、預測未來的趨勢。

在這裡所謂的「環境」,不僅是指個人成長的環境或學

第一章　學會思考

校環境，還包括社區環境及整體社會環境。這其中，可分為技術環境、經濟環境、政治環境和社會文化環境。即個人必須考慮上述的四種環境層面，了解其對自身的衝擊與影響，並分辨出環境的挑戰與所提供的機會。例如，技術的發達與新技術的推陳出新，淘汰了某些舊行業而產生了很多的新行業，因此，提供個人不同的機會，就像資料處理由於電腦技術的進步，代替人工處理，不正是提供個人新的挑戰與機會嗎？

了解自己的長處與限制 —— 我能夠做什麼

一個恰當的生涯規畫，不僅要考慮到現實社會的種種狀況，更要以自己的抉擇當成重要依據。每個人都有自己的長處，也有比較不足的地方，有了正確的了解後，可以配合環境狀況，選擇適合自己長處去發揮，而不必拿自己的短處去碰壁，這正是所謂的避重就輕，會比較容易成功。問題就出在很多人沒有自知之明，不了解自己，所以費了九牛二虎之力，最後還是沒有太大的發展。

了解個人的價值 —— 我想要做什麼

透過上面兩個層面的結合 —— 環境提供的機會與個人的能力 —— 應該可以產生很適合個人生涯的路徑了，乍看之下是這樣沒錯，但往往環境所提供的，雖是自己所能者，卻往

往不是自己所喜愛、所追求的。例如目前社會的電腦人才需求很大，有很多相關的就業機會，而某人也正有此方面的專長，但是他卻不選擇電腦工作為其事業，因為他對「人」很有興趣，喜歡和人接觸、來往，而選擇了社會服務方面的工作。這正是個人價值對生涯的影響。

　　以下是六種不同的價值取向：

➤ **理論取向**：這種人的主要興趣是追求，他們喜歡觀察、推理、批判，生活的主要目的是整理自己的知識，使之系統化。

➤ **經濟取向**：這種人關心什麼是最有用的，有興趣於生產、行銷、消費及累積財富，他們的主要特徵是「實用」。

➤ **藝術取向**：這種人的最大興趣是追求整體美及和諧。他們對任何事物均從是否優雅、平衡或合宜等角度來判斷。他不必是藝術家，但卻是個美學冠軍或審美家。

➤ **社會取向**：這種人的最大興趣是對人的喜愛，尤其是一種有利於他人的愛或博愛。他們把人當做目的，所以心懷仁慈、同情和無私；他們認為理論取向、經濟取向及藝術取向的人太冷淡而且沒有人情味；與政治取向的人比起來，他們認為「愛」是人類相處最理想的形態。

➤ **政治取向**：政治型的人最大的興趣在權勢，政治在此地

並不是指狹義的政治。擔任任何團體、組織的領導人物，就是一種權勢的獲得，因此這種人的生活充滿了競爭。

➤ **宗教取向**：宗教取向的人是神祕的，並期望了解宇宙，把自己與信仰結合為一體。所以生活就是信仰，信仰是生活的主體中心。

上述六種不同價值取向，在個體做生涯決定時具有相當的影響力。個體如果對自己的價值取向有清楚的認知，在抉擇或決定過程中，就會更清楚、更知道自己在做什麼及為什麼這麼決定，也更能為自己的決定負責。

了解社會價值與生涯策略的關係 —— 我應該做什麼

不管你喜不喜歡，我們每一個人都是社會的一分子，是家庭的一員，是工作團體的一分子，某個國家的國民。而在每一個團體或社會中，都有其獨特的規範、文化或風氣，個體必須生活在這些規範、文化或風氣中才能被團體接受，也才會有歸屬感。社會的規範、文化或風氣，不一定與個人本身的需求、價值觀一致，甚至有時是衝突的。但是，無論如何，個人的生涯策略或決定卻必須考慮到現實，不能脫離社會所界定的規範。個人是無法自給自足的，很多事情須要依賴別人或社會才能使個人的某些需求得到滿足，也才能從中

得到認同與價值感；同時，一個成熟的個體也會很注重其個人行為的社會結果——隨著年紀漸長，他會去關懷別人，當他關心的人受苦時他會難過，當他關心的人高興時他會開心。有句名言說過：「每個人都愛自己，但只有能把愛擴散出去才是成熟的象徵。」因此，了解別人認為你應該做什麼，並去關心別人的感受，以及你的行動對別人有什麼影響，都是在決定生涯規畫時很重要的考慮因素。

探索自己的特質

　　自己是生涯決定的主角，一個明智正確的決定，建立在對自己特質與環境狀況的透澈了解上。自己是個怎樣的人，擁有什麼，缺乏什麼，喜愛什麼，重視什麼，能做什麼，不能做什麼……，以上都是決定你將來做什麼工作，過什麼形態的生活，從事何種休閒的重要元素，因此對自我的探索，是生涯決定中最重要的工作之一。

了解自己的興趣

　　所謂興趣是指個體的喜好，或對某事物的關心與好奇等。在教育及職業決定中，興趣占有很重要的地位。雖然有些興趣會終生與我們同在，卻也有些會有所改變。因此個人成長過程中，會產生某些新的興趣，也有些舊的興趣會褪色。另外，雖然同樣是對棒球有興趣，但兩人所表現的卻十

分不同。一個是對棒球比賽有興趣，如某一隊有哪些選手，球衣號碼幾號，打擊率多少，全壘打幾支，得分多少，戰績如何……清清楚楚，但卻很少或從未參加比賽；另一位則是職業棒球隊員，天天打棒球，以棒球為生，研究、練習各種打法……。

美國約翰‧霍普斯金大學教授約翰‧霍蘭德經過長期的研究認為：選擇一種職業，就是一種人格的表現。他將美國社會中的四百五十六種職業歸納成六大類型。物以類聚，也自然有六種不同類型的人，會去從事和自己類型相同的職業。

▶ **事務型**：事務型的人需要機械能力或體力，以便處理機器零件、工具、運動設備及動植物有關的工作，善於做清楚、具體、實在及體力上的工作。大部分工作需在戶外進行，不需要與人有深入的接觸，所以其社交技能並不是非常重要，智力及藝術能力也沒那麼需要。這種人大致上比較不善於社交，是情緒穩定、具體化的人，適合從事技能、體力性質的工作 —— 如農務、汽車修護、飛機控制、電器工程、加油站工作等。他們常有以下之特徵：順從、節儉、溫和、坦白、自然、害羞、誠實、恆心、穩定、謙虛、實際、重視物質。

▶ **研究型**：研究型的人運用其智慧或分析能力去觀察、評

估、判斷、推理，以解決問題。他們喜歡與符號、概念、文字有關的工作，具有數理及科學精神，但缺乏領導能力，常有下列的特徵：分析、獨立、溫和、謹慎、智力、精細、批判、內向、理性、好奇、保守、重視方法。

➤ **藝術型**：藝術型的人需要藝術、創造、表達及直覺能力，借文字、動作、聲音、色彩、形式來傳達美、思想及感受。他們需要敏銳的感覺能力、想像力及創造力，在語文方面的悟性也高於數理方面的能力。他們喜歡從事的職業，譬如：作曲家、音樂家、指揮家、作家、室內設計師、演員，具有文學、音樂、藝術的能力，但通常缺乏文書事務能力，常有以下特徵：複雜的、崇尚理想的、獨立的、無條理的、愛幻想的、直覺的、情緒化的、不實際的、不從眾的、善表達的、衝動的、獨創性的。

➤ **社會型**：社會型的人具有與人相處、交流的良好技巧。他們對人群有興趣，具備交際技巧，並能了解、分析、鼓勵並改變人類的行為。他們肯定自我，並有積極正向的自我概念。喜歡從事與幫助他人有關的工作，如老師、宗教人士、輔導員、臨床心理學家、社工等等，具有社會技能，但通常缺乏機械能力和科學精神，常有以下特徵：敏銳的、助人的、有責任的、合作的、溫暖

的、社會化的、友善的、同理的、善體人意的、寬宏的、仁慈的、令人信服的。

➤ **企業型**：企業型的人運用其規劃能力、領導能力及口語能力，統籌、安排事物及領導、管理人員，以促進機構、政治、經濟或社會利益。他們喜歡銷售、督導、策劃、領導方面的工作及活動。如業務人員、經理人員、企業家、電視製作人、採購人員、推銷員等等，他們具有領導能力及口才，但缺乏科學精神。通常有以下的特徵：冒險的、精力充沛的、善於表達的、野心的、衝動的、自信的、引人注意的、樂觀的、社交的、武斷的、外向的、熱情的。

➤ **傳統型**：傳統型的人需要注意細節及實務技能，以便記錄、整理歸類及組織文字或數字資料。他們通常不是決策人員，而是執行人員。他們給人的印象是整潔有序、服從指示、保守謹慎的。他們喜歡從事資料處理、文書及計算方面的工作，如速記人員、銀行人員、金融人員、金融分析師、稅務家、成本估算師等，具有文書及計算能力，但缺乏藝術能力。常有下面之特徵：順從的、抑制的、實際的、有良知的、缺乏彈性的、節儉的、謹慎的、有條理的、缺乏想像力的、保守的、有恆心的、守本分的。

　　這六種類型，代表六種不同的興趣與人格特質，它可以幫助個人了解自己較適合哪種類型的工作，同時也協助個人了解工作環境及內容。然而人並不是很單純只具備某「一」特質或某「一」種興趣而已，他常常是具備兩種或更多種類型的興趣與特質；當然，通常其中某一種會最強，而其他則較弱。

　　舉例來說，一個事務型的人，也會具備研究型、傳統型的某些特質，而較少具備社會型的特質，亦即事務型與研究型及傳統型的人，在某些特質上有共通的地方，如不善交際、喜歡做事、不善與人接觸、較男性化等等；而和社會型的人（善交際、比較感性）很少有一致的共通處。因此，事務型的人如果從事事務型的工作，適配度最高，從事研究型及傳統型的工作，適配度亦不低。但如從事社會型的工作，就很難適應了。

　　要知道自己屬於哪一類型的人，有哪一方面的興趣，可以一面閱讀上面各型的介紹，一面自我評估，從而找出適合自己的特徵。

了解自己的需求

　　人的生活目標或行動方向是其內心需求的具體表現，如果我們選擇的工作及生活能滿足內心需求，就會覺得生命很充實、有意義。心理需要會發出心理能量去追求能滿足的事

第一章　學會思考

物，當這些心理能量無處可用時，需求無法滿足，個體會呈現不平衡的狀態，就會再繼續追尋，或找其他的來代替。對於個人的心理需求有很多不同的分類方法及理論，本書擬以艾德華斯著名的「艾德華個人偏好量表」的分類法，來說明代表個人的十五種心理需要或形態，甚至是個人的價值觀。

- **成就需求**：成就需求高的人會盡力去完成每一件事情，力求成功，喜歡去從事需要努力、技術及重要的工作，也喜歡把困難的事情做好，喜歡解開難題及謎題，期望把事情做得比別人都好，喜歡被認為是一位權威者。

- **順從需求**：順從需求高的人易於接受別人的建議及指示，去做別人期望的事：去讚美別人，告訴他們工作做得很好。他會服從別人的領導，順從風俗且避免違反傳統，任何事總讓別人做決定。

- **秩序需求**：秩序需求高的人做事有計畫、有系統，每做一件困難的工作時，都會先做計畫，旅行時也預定好細節，做每件事都力求保持秩序；準時吃飯；把任何事都安排妥當，不會發生太大的失誤。

- **表現需求**：表現需求高的人喜歡在大眾面前表現自己，說一些有趣的笑話及故事，談論智慧聰明的話題及有關自己的冒險經驗，以引起別人對自己的注意，成為別人注意的焦點。有時喜歡評論他人，或使用一些別人不懂

的字詞，詢問一些別人無法回答的問題，以凸顯自己與眾不同。

➤ **自主需求**：自主需求高的人，喜歡自己決定，做自己想做的事，不受別人影響，並避免做別人期望他順從的事；喜歡做不合傳統，別人又都不認同的事。

➤ **親和需求**：親和需求高的人，喜歡參與團體活動，結交新朋友，樂意為朋友做事，喜歡與朋友共事而不喜歡獨自做事，也願意與朋友分享事物，和朋友之間有親密感。

➤ **內在感受需求**：此需求高的人，喜歡分析自己的動機與感情，也喜歡去觀察別人，分析其動機與感受及為什麼會這樣做或那樣做的理由。

➤ **求助需求**：此需求高的人，希望自己有困難時，能得到他人的幫助、鼓勵、了解與同情；希望由他人處得到關愛、親切感；生病時，希望得到他人的同情、安慰；受傷時會大驚小怪。

➤ **支配需求**：此需求高的人，喜歡做一個領導者影響別人，或安排事情給別人做。常為了堅持己見而與人爭論，喜歡替團體或他人做決定及影響、說服或指導別人。

➤ **自貶需求**：自貶需求高的人，對自己比較沒信心。當事情沒做好時，他會指責自己，有罪惡感，歸咎於自己，

寧願自己受苦也不願去傷害別人，所以常為了避免爭鬥而向別人屈服、放棄己見，或自己吃虧了事；當自己沒有能力去控制情況時，覺得很難過；在主管面前感到羞怯；在大部分情況下都覺得自己不如人。

➤ **助人需求**：此需求高的人，富有同情心，喜歡幫助有困難、不幸的人，對待朋友則是慷慨、仁慈及有同情心的，容易原諒別人的過錯，喜歡幫助、支援他人。

➤ **改變需求**：此需求高的人，喜歡嘗試新奇的事，體驗奇異的經驗；嘗試做不同的工作，在不同的地方吃飯、居住，也喜歡新的流行與款式。

➤ **耐力需求**：耐力需求高的人，做事認真、能夠持久，在長時間工作時不會分心，但會避免被打擾。遇到困難，一定堅持到解決為止，也會為了完成工作一直做到深夜。

➤ **異性需求**：此需求高的人，喜歡與異性相處、出遊、參加社交活動，並喜歡討論有關異性的問題。

➤ **攻擊需求**：攻擊需求高的人，會攻擊與自己意見不合者，會公開地告訴他人自己的看法，公開地批評他人；事情出問題時易責怪他人。

艾德華認為每個人的心理能量會分布在這十五種需求上，有些強，有些弱，強弱之間正代表個人所追求、重視的是什麼。

如果個人在做生涯規畫或抉擇時，能夠正好配合自己需求狀況，就可以說是最理想的生涯規畫了。

了解自己的工作價值

每個人在工作中所重視的不同，有人重視薪資的高低，有人重視環境的好壞，或老闆是否賞識，或與同事之間相處如何……，這形成了每個人不一樣的工作價值觀。如果自己所重視的工作價值觀能在工作中得到滿足，就是最適合個人的工作了。因此，做生涯抉擇時應謹慎地考慮自己的工作價值觀是什麼，去尋找最能配合的。下面提出十五種工作價值觀，請你依照其對你的重要程度從 1 排到 15（1 代表最重要，15 代表最不重要）。

➤ **利他主義**：工作的價值或目的，是在於它能使你為他人或社會大眾服務，盡一分心力。

➤ **美的追求**：工作的目的在於它能使這個世界更美好，增加藝術氣氛。

➤ **創造力**：工作的價值是在發明新產品、設計新事物或創造新的觀念。

➤ **智能的刺激**：工作能提供獨立思考、學習與分析事理的機會。

➤ **成就感**：由工作中得到做好及完成一件工作的成就感。

➤ **獨立性**：工作能允許以自己的方式及步調去進行，不受控制或阻礙。

➤ **聲望**：工作使你受到別人的重視與尊敬並廣為人知（不僅指地位或權力）。

➤ **管理的權力**：工作的職權是策劃及分配工作給其他人，能影響或控制別人。

➤ **經濟的報酬**：工作能獲得優渥的報酬，使自己有足夠的財力獲得想要的東西。

➤ **安全感**：工作讓我有保障，有安全感，免於意外或不愉快。

➤ **工作環境**：工作是在宜人的環境下進行，不是在太熱、太吵或太髒的環境工作。

➤ **與上司的關係**：在工作中，能與上司平等且融洽地相處。

➤ **與同事的關係**：在工作中能接觸到令人愉快的同事，且相處融洽。

➤ **生活方式的選擇**：工作之餘，能過自己想過的生活，亦即生活不受工作干擾。

➤ **變異性**：工作不是一成不變的，而是不同的任務可以嘗試。

如此一來，你就知道你在工作中最重視的是什麼，最不重視的是什麼。然後，也與你現在的工作所能提供的是什麼做個比較，就知道這個工作適不適合你了。

人與人在很多方面是不同的，不僅興趣不同、動機不同、需求不同、嗜好不同，能力也有很大的不同。而能力在生涯抉擇中是很重要的決定因素，個人有哪些能力，決定了可以往哪些方向發展。能力一般可分為兩種，一種稱為普通能力，另一種是特殊能力。

普通能力，有人稱為智力，是指一種學習、運用符號、運用抽象思考及解決問題的能力。稱之為「普通」能力是有別於「特殊」能力的，它是學習任何事物的最基本能力，也就是說，學文學也好，學理工、藝術也好，至少要有相當程度的普通能力作為學習基礎。因此，此種能力也是從事任何行業都需要的。我們都看過：有一種人，他的智力（或稱普通能力）相當高，所以學什麼成績都不錯；而相對的，一個智力不好的人，學什麼、做什麼都不太有成就。好在大部分人的智力都在平均值左右，只有少數是極優秀或極愚笨的。普通能力大致上包括語文能力、數學能力及空間觀念。你可以藉由智力測驗來了解你的智力狀況，但測驗也只是一個參考罷了。智力與遺傳、環境均有關，尤其幼年的學習環境會對其有很大的影響，不過一個人的智力一般而言在十六歲左

右到達高峰，然後就漸漸衰退。這時學習就變成很重要的因素，智慧、知識是可以經由不斷的學習而累積的，更可以創造不止一個的高峰。

個人除了有普通能力外，也多多少少具有一些特殊能力或悟性，也會對我們的個人及職業生活有影響。這種特殊能力可能是天生的，也可能來自於學習。

▋步驟四　成功是一種信念

信念具有它自己的天地，它可以創造出一個地獄的「天堂」，也可以創造出一個天堂的「地獄」。

走出既定的框框

1. 就你自己的了解，你認為會影響自我目標實現的行動阻礙是什麼？
2. 你常有的、自我認定的壞習慣是什麼？
3. 別人眼中的你的缺點是什麼？

很多時候我們無法做成一件事，達到我們期望的目標，時常是因為我們沒有刻意去塑造刺激我們不得不去實現的情境。我們常常是安於現狀，不敢貿然地去做改變，不敢去做新的嘗試，也不敢跨出腳步。

人的潛能往往需要用不同於平常習慣的方法和運作模

式，才能真正的得以舒展與釋放。

　　或許你應該先去思考的是：我目前的想法，我目前的習慣，我目前的行動，到底對開發自我有沒有積極正面的影響力？

　　如果你沒有得到肯定的答案，而又沒有做不同的應對方式，即使給你再多一次的時間或機會，你的夢想可能仍會落空。

　　有許多人每天都在期盼完美的結果：希望自己更富有、更健康、更快樂、更自信、更受人歡迎……，可是如果你不曾真正去改造你原有習慣性的思想，不曾真正去調整你的行為和態度，你如何去實現你的夢想？

　　用同樣的行動卻想要創造不同的結果，機會是微乎其微的，除非你能採用正確的方法並且堅持到底。但是有太多人根本就知道自己原本的行為是不可能讓自己的成果更好的，卻堅決不改。

　　如果今天你生病了，有一種藥你連續吃了五天沒有效，一星期、十天仍沒有效，你會繼續吃嗎？

　　但在實際生活中，我們卻是常常將一種不適合的態度、應對和方法，一而再再而三地在自己身上執行，時間持續不只三五年，有些人甚至十年、二十年，甚至一輩子都持續用著明知錯誤的方法去生活。

第一章　學會思考

正確的行動和方法，是你實現目標的基礎，好好地藉由自己和別人的協助，評估一下自己的行動品質吧！

了解自己行為和習慣上的缺失，是讓自己變得更好的起點；而積極去導正自己的缺失，更是協助自己潛能釋放的燃料。

讓新的習慣和行為去取代舊有的習慣和行為吧！你的能力將會擴大，相對的，你也會比較容易實現自己的目標。

所以，關鍵並非只在認清自己的缺失弱點，而是如何用新思想、新行為來取代原有的。

所以，快去參考與學習成功者吧！

讓夢想起飛

1. 你小時候的夢想是什麼？與現在的相符嗎？為什麼？

2. 你現在的夢想是什麼？實現的機會有多大（約占百分之多少）？為什麼？

3. 你如何去實現你的目標和夢想？你計劃如何著手實現？你可以運用的資源有哪些？

一位著名的主持人曾說過：人有兩種本能，一種是羨慕別人，學習別人，藉此引導自己，希望自己能擁有更好的本能；另一種是有自知之明，清楚地知道自己沒有什麼，所以知道自己的分量與限度，而不至於有太多的非分妄想。

　　而他也補充了第三種本能：人的第三種本能是最珍貴的，即對自己的自信和要求：給自己期許，從自己做起，做到更好！

　　思想是一切的根源，你的思想造就了你的判斷；你的決定，更影響你的行動。

　　而你，會成為你想像中的人。

　　如果你給自己太多限制性的思想，你就越會發現：自己怎麼這個也不敢做，那個做了好像也不妥！慢慢地你就會更加墨守成規，難以突破，而且日復一日。

　　記不記得小時候你曾經有過的夢想？你曾經希望自己當科學家、當醫生、當法官、當警察、當演員、當明星……，而在你年紀越來越大之後，卻因現實的衝擊與自我的否定，逐步刪除了原始的夢想。

　　你不再相信自己可以成為律師，因為你連唐詩宋詞都背不熟。

　　你不再以為自己可以成為外科醫師，因為你連剪紙都剪不直；

　　你不再相信自己會成為工會代表，因為你連班長都選不上……

　　你被生命中的不確定與失意掩蓋了！所以你開始不相信自己，開始認為你無論經過怎樣的努力都不能實現你的

第一章　學會思考

夢想！

你逐步修正自己的目標和理想，開始接受目前並不理想的現實，你甚至害怕改變，害怕改變之後的無法預期。

不要期待自己有任何的改變，如果你沒有首先從改變你的思想開始。

不要只是羨慕別人，要敢於夢想，敢於去嘗試，有自知自明；更要讓自己能掌握資源，一步一步堆砌出你的夢想。

最重要的是，要求自己去築夢，並且相信自己可以實現它們。給自己更大的空間，先開放思想，才能解放行動，你所期待的才不會越來越遙遠！

所有的發明家都比別人更愛夢想，所以他們成就了一般人想像不到的創意。

史蒂芬·史匹柏的電影夢幻工廠，創造的不僅是聲光刺激與滿足，更透過思想的擴張，帶動了商機、經濟與生活的樂趣。

凡是想得到的，必定存在，不要限制自己的夢想，只要你肯、你敢、肯去實踐，你一定可以築夢踏實！

成功信念的重要性

在與成功人士交流的過程中，你會發覺他們都擁有著一個共同特點 —— 心思巧妙，這與成功的方向一致。此外，這些人當中雖然有受過良好教育者，但如亨利·福特這樣未

接受教育者也大有人在。而賦予他們如此巧妙的心思和促使他們完成非凡成就的主要因素，與是否接受過學校的成功者教育絲毫沒有關聯，也並非是他們具有與眾不同的智慧。而是因為其內心深處有著某種意念驅使他們產生強大的願望，將人生的一切環境加以過濾，只剩下能夠達成信念、深具利用價值的事物，然後再善加運用，這種理念即是追求成功的信念。

所以你必須認識自己的內心，做一番自我期待。這樣一來，就可發現成功的信念並不難以建立。

美國汽車大王亨利·福特在學習製造高品質又價格低廉汽車的技術時，他也擁有著屬於自己的成功信念。為了使自己所製造的產品普及各地，他認為必須在全國各地展開積極的促銷活動。

但做這件事需要有相當的資本，雖然銀行願意貸款給他。然而，為了能充分掌握自己的公司，他卻不喜歡在公司外製造財務上的利害關係 —— 即不願意貸款。在建立銷售網期間，福特有著這樣的決心，這也不斷地促使他想出獲得必要資本的方法。首先，他只把車子分配給擁有銷售福特汽車權利的代理店，又規定代理店必須接受所分配的汽車數量。同時在汽車送到代理店之前，須以現金預付百分之幾的款項。這項計畫的最主要目的，是使所有銷售代理商都成為福

第一章　學會思考

特企業實質上的合夥人，但福特的主導權卻絲毫未受影響。換言之，他能在不傷害自己主導權的情況下，保證了所需的經濟資金。

此外，這種方式也具有其他方面的意義，就是迫使銷售代理店無論如何都要為分配到的車子找到買主，這麼一來就極易產生工作動機。因為若有朝一日，這些代理店能獨立經營事業，這種工作動機是絕對不可缺乏的。

這是很典型的成功信念自然表露於外的例子。

成功信念引導你成功地在事業上努力，而成功的事業又將成為推動你邁向更大成功的動力，這難道不是一個良性循環嗎？

如果你的自我意識非常強烈就容易獲得成功。反之，當自我主張動搖時，若能把自己的外觀和意識都變得使自己滿意，即可恢復自我。自我是非常個人化的主觀意識，而盡量多觀察別人，是提升自我的方法。如果你能發現一個最適合自身的方法，就等於是挖掘出了美妙的寶物。

汽車大王福特認為世界上沒有「不可能」這回事，他用蒸汽去推動他構想的機器，花了兩年多，但行不通。後來，他在雜誌上看到可以用汽油蒸發之後形成燃料用以代替煤氣燈，這觸發了他的「想像力」和創造欲望，於是，他全心全意投入汽油機的研究工作。

　　福特每一天都想成功地製造一部「汽車」。他的信念，被大發明家愛迪生所賞識，邀請他擔任底特律愛迪生公司的工程師，實現他的夢想。

　　終於在 1892 年，福特二十九歲之時，他成功地製造了第一部摩托車。而在 1896 年，也就是福特三十三歲的時候，世界上第一部汽車引擎面世了。

　　從 1908 年開始，福特就致力於推廣汽車，他用最低廉的價格，去吸引越來越多的消費者。今日的美國，每個家庭都有一部以上的汽車；而底特律不僅一躍成為了美國的大工業城市，更變成福特的財富之都。

　　想像力是靈魂的工廠，人類所有的成就都是在這裡鑄造的。從十二歲的敢於構想，到三十三歲的實現，福特花了二十一年在他的「靈魂的工廠」鑄造他的汽車。

　　天下哪有不勞而獲的事？如果能利用種種挫折與失敗，來驅使你更上一層樓，那麼一定可以實現你的理想。你也許讀過很多歷史上偉大的成功者令人著迷的傳記，他們的故事本應該使你受到鼓舞，但是，這些歷史偉人的成就似乎非常難以實現，反而使你失望。你永遠不可能統率一支大軍越過沙漠去遠征，也不可能去統治一個龐大的帝國或者發現新的世界。因此，你沒有從傳記中得到鼓舞，反而覺得自己渺小、微不足道。

第一章　學會思考

是否一定要能夠與秦始皇、漢武帝或者哥倫布、愛迪生相提並論，才是成功者呢？要有出色的成就，是否要有非凡的精力或者特殊的情感力量和特殊才智呢？其實不管答案是什麼，只要專心去想自己到底有可能做些什麼，只要自己下定決心，無論面臨什麼挑戰，都要付出自己的全部力量 —— 這樣也就夠了。

這就是你取得成功的基石 —— 不要消極地與偉人或者任何人去攀比，而是要以他們為榜樣。你能夠做到什麼，就動手去做什麼，並且要投入你的全部力量。

信念改造你的思想與態度

造物者給你一項完整且無可匹敵的權力 —— 隨心所欲地改造你的思想與態度。

你的意志與心態會產生一種吸引力，吸引你最常想到的人、事物及狀況。許多人一生窮困潦倒、貧病交迫，因為他們縱容這些負面想法盤踞在心裡。

科學家幾乎能夠分析及解釋任何一種現象，卻無法說明為何人的信念可以改造人類的大腦，讓它堅定地達成既定的目標。

每一個人來到這個世界，都帶著兩個只有我們自己能打開的密封著的信封。其中一個信封，裝著源源不斷的幸福與富足，只要用我們意志的力量，以積極的態度引導自己，一

定能夠獲得成功。另外一個信封的內容，同樣是你指揮及運用意志力的結果，但卻因為缺乏信念，而造成接連不斷的懲罰與災難。

人類最奇怪的特質是，必須經歷悲劇、失敗或某種不幸，才會爆發出積極的意志力，具有無窮的力量。

信念是你最大的無形資產，你必須用積極的態度，才能得到幫助。記住，我們都只是庸人自擾。未經你的同意和充分的合作，沒有人可以使你生氣或是自卑。

如果你善用意志力，你就可以造就天時、地利與人和。因為前人堅持理想與信念，才能造就現代文明的生活方式及思想體系。這些思想的先驅，促成工業的進步、富國強民，讓我們得以享用造物者所賜予的一切。的確，只要你對自己的信念堅定不移，就沒有做不到的事情。

欲望就是力量

美國帕金森管理研究基金曾就「經理應該具備的條件」問題進行了大規模的調查。許多商業界、政界、科學界和宗教界領導人接受了採訪。得到了各式各樣回答，但調查的結果只有一個，即做經理的最重要的條件是：完全向前的欲望。

欲望，一旦利用就是力量。沒有順從願望，沒有去做你想做的事情，你只會成為平庸者。

第一章　學會思考

我們都有願望。我們都想有朝一日成為一個什麼人物。但事實上，我們大多數人都違背了它，不是順從它，而是扼殺它。常見的扼殺的方法有下面五種，它們都很危險：

➤ **自我貶低**：你經常會聽人說：「我真想做一名經理，自己創辦企業，但我做不到。」「我缺乏頭腦。」「如果我試的話，肯定會失敗。」「我缺乏教育和經驗。」許多年輕人用這種消極的自我貶低方法違背了自己的願望。

➤ **安全感**：那些說「我現在的工作很有保障」的人因滿足於安全、有保障的想法扼殺了他們的真正願望。

➤ **害怕競爭**。：「要進這家公司的人太多了，不會有我的機會。」這類的話違背了自己的真正想法。

➤ **父母的支配**：我們常聽到許多年輕人說：「我真想做另外一份工作，但我的父母要我做這個，我不得不做。」以此來解釋他們所選擇的工作。其實，大多數父母絕不會有意強迫他們孩子必須做什麼，所有聰明的父母都想讓他們的孩子取得成就。但如果年輕人們耐心地向他們的父母解釋他們為什麼更喜歡另一份工作，父母對此是不會反對的，因為父母和他們對人生的目標都是一致的，那就是成功。

➤ **家庭的責任**：「我應該在五年前就換工作了。但現在，我有了家，沒法再變動了。」這種態度扼殺了自己的願望。

步驟四　成功是一種信念

　　扔掉以上這些扼殺願望的武器吧！記住，要最大限度地發揮你的力量，就必須去做想做的事情。滿足願望會帶給你熱情、活力，甚至使你更健康。就像給用了十年的舊車被安裝上新引擎一樣，能使你精神倍增，效率倍增。

　　有許多的成功者每星期的工作時間超過四十小時，但從未有過怨言。他們有一個共同的特點，目標帶給他們精力。

　　例如：當你樹立了一個理想的目標，並決心朝這一方向努力的時候，你的精力會倍增。許多人因為選擇了一個目標，為了實現這個目標，他們投注了新的精力和活力。目標能消除無聊、煩惱，目標甚至能治癒慢性疾病。

　　讓我們進一步探索目標的作用。當你滿足了你的願望，有了一個目標時，你不僅會得到實現這個目標而需要的體力、精力和熱情，而且會保證自己自動自發地沿著正確的方向向目標邁進。

　　記住：你只能全心全意地去做你最想做的事，成功需要全心全意的努力和奮鬥。

　　……

　　意外發生後四年，米契爾所開的飛機在起飛時又摔回跑道，把他背部的十二條脊椎骨全壓得粉碎，腰部以下永遠癱瘓！「我不解的是為何這些事老是發生在我身上，我到底是犯了什麼錯，要遭到這樣的報應？」

第一章　學會思考

　　米契爾仍然不屈不撓，日夜努力使自己能達到最高限度的獨立自主，他被選為科羅拉多州的鎮長，他保護小鎮的美景及環境，使之不因礦產的開採而遭受破壞。米契爾後來又去競選國會議員，他用一句「不只是另一張小白臉」的口號，將自己難看的臉轉化成一項有利的資產。

　　儘管面貌駭人、行動不便，米契爾卻墜入愛河，且完成終身大事，也拿到了公共行政碩士，並持續他的飛行、環保運動及公共演說。

　　米契爾說：「我癱瘓之前可以做一萬件事，現在我只能做九千件，我可以把注意力放在我無法再做的一千件事上，或是把目光放在我還能做的九千件事上，告訴大家說我的人生曾遭受過兩次重大的挫折，如果我能選擇不把挫折拿來當成放棄努力的藉口，那麼，你們也可以用一個新的角度，來看待一些一直讓你們裹足不前的經歷。你可以退一步，想開一點，然後你就有機會說：『或許那也沒什麼大不了的！』」

積極思考的價值

　　你見過消極的成功人士嗎？很多人說自己天生就消極，其實，沒有「消極的嬰兒」，只有消極的成人。所有積極和消極的習慣，都是後天培養出來的。既然是後天培養出來的，就一定可以改變，凡事為什麼不多往積極面去想呢？

　　也許你會問：「想法要積極。難道有了問題，就不要去想

它嗎？」──研究問題，有時候也是積極的，因為你研究未來可能會發生的問題，這並不是消極，這裡指的是一般人的負面思考，也就是只談論問題本身，而不思考如何解決。

想一想你見過的成功人士，一定都是積極思考者。

當他們遇到問題的時候，會問自己：從這個問題當中可以學到什麼；當他們遇到挑戰的時候，他們相信自己一定能突破；當他們遇到困難的時候，他們告訴自己，人生就像季節更替一樣，問題一定會過去。

他們保持著對未來的期望，要想的話就要往好處想，為什麼要往壞處想呢？思想是原因，環境是結果。如果你不滿意現在的環境，你就必須改變你頭腦中的思想。

你周圍的人並不是完全一樣的。有的是消極的，但有的是積極的。有的是不得已為工作而工作，而有的是胸懷大志，為進步而工作。有的同事貶低上司說的一切，做的一切，有的則能客觀地看待問題，而且充分了解到那些身居要職的領導者過去一定是優秀的人才。

我們的思想直接受到所處環境的影響。所以，我們一定要保證我們周圍都是正確看待問題的人，積極上進的人。

在我們的周圍，總有那麼一些小人，他們意識到自己的無能，因而千方百計地想成為你前進道路上的絆腳石，阻礙你前進。許多有識之士，因想要創造更大效益，生產出更多

產品而受到冷嘲熱諷，甚至受到威脅。讓我們正視這些小人，他們出於嫉妒想讓你難堪，原因是你想進步。

這種現象在社會的各個角落屢見不鮮。比如在工廠裡普通的工人經常埋怨那些想提高生產率的人。

在學校，類似的情況也司空見慣。成績差的學生譏笑利用時間學習、取得好成績的同班同學。更可悲的是，聰明的學生一再受到諷刺與打擊後，甚至得到聰明就是愚蠢的結論。

鄙視你周圍的這些消極分子吧！不要讓他們把你拉進他們的行列中去。只需對他們置之不理，視而不見。團結那些積極的、敢想敢做的人，跟他們交朋友，與他們一起前進。

你很容易能做到這一點，那就是「看重你自己」！

還要特別注意這一點，小心給你提供建議的人。在許多地方，你都會經常遇到一些愛說閒話的人。他們「了解內情」，並迫不及待地想使你成為他們的一員。他們會對你說：「在這裡，你最好的處事哲學是不要管任何閒事，對任何人都敬而遠之，躲得越遠越好。一旦他們認識你了，一大堆工作便會壓到你頭上。特別注意不要和 Z 先生（公司經理）接觸。一旦他認識你了，你就沒有好日子過了……」

這種愛說閒話的人也許在公司已經待了二十年了，但至今仍處在最低層。對一位想在商業界闖出一番事業的年輕人來說，他是一位多麼可怕的人啊！

　　當你有問題的時候，請去向成功者請教，聽取失敗者的建議猶如請一位庸醫治病。

你的希望與結果成正比

　　抱著微小的希望的話，只能產生微小的結果，這就是人生。人的內在有著無限的力量。這個力量是，當一個人發揮出他的個性時，他的人生就會散發驚人的光輝。

　　這種變化雖然不能自覺到，可是不久後他就會接受到潛能的供給，而對自己所發出的龐大力量感到驚訝，他就會發現自己的本性是何等的光輝。因此，他就會勇敢地面對自己未來的命運。

　　我們的能力就像沉睡的礦藏深深地埋在地下，若能把它開發出來，發展下去，人生就會有驚人的發展，不可能的事也會陸陸續續地變成可能。

　　但這要看看這個人是否能選擇自己應該走的路。

　　任何人都可以攀登到自己所需要的成功事業的頂峰，同時，當他選擇要爬上成功事業頂峰時，全宇宙最高的力量也會幫助他，直至把他推上成功事業的頂峰。

　　當我們有了某種決心，並且相信實現的可能性，各方面的東西都會調動起來，而且幫助你將自己的決心往上推到實現的方向。這種事，你一定可以親眼看到的。

　　所以我們的心裡也要冷靜，遇到障礙時要採取補救措施。

例如你開車遇到「此路不通」或交通堵塞的情況，不可能停著不動；當然也不能乾脆就回家，那多煞風景。道路的暫時阻塞不應該成為你放棄旅行的理由，人生的奮鬥也是一樣。

要什麼、想做什麼、想當什麼？做這些決定的並不是潛在意識，而是理性。也就是說，從身邊的事到一生的計畫，凡是決定自己一生的都是理性的任務。

要建立一個家時，到底需要多少時間、多少資金？做評估的，也是理性。願望是不可以無期限、無限制的，因為如果無期限也無限制的話，可能就無法達成了。想進入一所大學，也不可以說花費幾年時間都沒關係，如果是哪一年進去都可以的話，也就不必抱持什麼願望了。所以說，時間的設定也是非常重要的。

但在另一方面，不需要時間設定的也有。例如：什麼時候我的大計畫才能實現？這就沒有時間的限定，而是要靠時間的流動來做決定。

雖然有時我們無法預測的時間的流動，但也應該有某種程度的計畫才對。利用短期目標來累積也可以，不過，最好有五年、十年後的長期目標，或一生之久的長期目標。

當然，訂立目標後不久，也可能會因為情勢的變化，而發生不得不改變計畫的情況。我們只能把理性的計畫看做是一種單方面的，以後還需要用努力和熱忱來輔助，不僅僅只

是為了達到目標去努力。而是要向著更大的目標挑戰。如果
發現了人生的意義，你就可以算是已經一步一步地走向成功
之路了。

　　我們天生就必須追求成功，如果我們沒有個人喜愛的事
業，沒有「有意義」的生活，就很容易繞圈子，感到迷失，
覺得生活「沒意義」。

　　我們應該有這種想法 ── 我們是被製造出來克服環境、
解決困難、達成人生使命的，若沒有可供達成的理想，我們
的人生就不會滿足，也不會快樂。

　　所以，你應該找個值得你努力的追求，最好有個計畫
表，注明遇到不同情況時，你希望採取何種處置。在你面前
要經常有個你「盼望」的東西，為它工作、為它期望，向前
盼望，不要往後看，並培養對將來的「盼望」。

　　對「將來的盼望」，能使你保持活力，假若你不再是成
功的追求者，而且有「不盼望任何事」的思想，你就會感到
無所適從。

　　當你看到一個處處都高人一等的風雲人物時，立刻提醒
自己，那種優美的風範並不是天生的，是由許許多多嚴格的
自我控制所形成的。建立新的積極性習慣，同時根除舊的消
極習慣。

第一章 學會思考

培養高水準的思維

　　如果你能夠提高自己的思考水準，那麼當你對某些概念問題進行思索時，你會從中得出很清晰的結論。這就是說思考時要從普通人的角度出發，而不必站在特殊的位置上，開闊的思路總要好過鑽牛角尖。

　　下面有一個例子。假設你決定以某種方式去賺錢，你打算沿街道撿拾廢棄的易開罐。在你這樣做了一段時間之後，你會對這種謀生方式有所體驗，你能用這種廢棄的容器換錢。如果你日復一日從不間斷地做，那麼你一年後可能會賺到一千元。

　　現在的一切雖然都很順利。但是你有能力讓自己做得更好。為自己拓展更開闊的空間，努力更上一層樓。也許你會從以下對你人生之路的思考中獲得進步。

- ➤ 你人生之路的思考之一：我在街上撿拾廢棄的易開罐。
- ➤ 你人生之路的思考之二：我把這些廢棄的易開罐分成兩類：鋁製的和其他種類。鋁製的還有一定的價值，可以把它們賣給回收中心。
- ➤ 你人生之路的思考之三：我為送鋁製廢品的人提供整理分類和運送。
- ➤ 你人生之路的思考之四：我運用當前通用的回收系統，這個系統能使國家將郵送貨物產生的廢料和包裝進行再

利用，這樣既保護了環境又節省了資源。我們在處理鋁製品方面建立了自己的產業，並已具備了分類、整理和運送的能力。

在第一項和第四項間有著巨大的區別。在這裡要注意到我是如何從狹隘的目光演變到更有洞察力、更有遠見的思考。有趣的是在我們發生這種變化的同時，還有許多機會去做其他的事情。例如：如果你認為自己是一個專門整理分類廢棄物的人，那麼你既然能把廢棄物分成許多不同的種類，當然也可以對其他物品進行分類。你可以為回收的紙、玻璃、塑膠，另外還有鋁製品分類。你可以對物質分配進行專門的研究，並出版與此有關的書。如果有能力的話，你可以設計製造一種特殊的桶車，讓送廢棄品的人幫你分類。或許你還可以與市政府訂立合約，專門由你來處理市內廢棄的容器。這樣，你既可以從合約中賺到一筆錢，還可以從物質回收和再利用中獲得額外的收入。如果你這樣做能夠降低市政府清潔街道的成本，那麼也許人們會很願意讓你做下去。

如果你認為自己能夠對鋁製品進行分類和運送，那麼你也許可以自如地使用其他的運輸方式。例如，你常常在街道和回收中心之間兩頭跑。或許你可以買一輛鋁罐拖車，這樣你不但可以在海灘，還可以在沿途的其他地方停留一會兒。你可以停在酒吧和便利商店的門口，收購那裡的空容器。這

樣你的路線就可以得到延伸，甚至能覆蓋整座城市。之後你可以擴展到其他市區，最終你所提供的服務會遍及全國，並成為國內最大的鋁製品回收服務公司。

　　如果你視自己為國家回收系統的一部分，那麼最終你會建立自己的公司，為各種不同的生產商處理廢棄物。你可能會在辦公室工作，集中處理紙廢品；或者你還可以回收零售店裡的廢紙板等等。你會發現在這一領域中同樣充滿了競爭，因此你不是需要與其他的公司合作，不然就要與它們競爭。

富有遠見卓識的人總會成為獲勝者

　　再看另一個例子。當你走進一間辦公室，坐到資料管理員身邊。你問他：你在這裡做什麼？這個人可能會這樣回答你：

　　我正在把這些郵寄過來的無聊卡片和列印的資料全部輸入電腦。真是煩死了！

　　你轉身去問另外一個人同樣的問題，她是這樣回答你的：

　　我是一名資料輸入員，我的工作就是把公司送來的資料精確地記錄下來。這些資料被用來製作一個顧客資料庫，我們依據這個資料庫打廣告和增加銷售。我們公司的行銷業務就是大規模地使用我輸入的這些資料。

第二個年輕人不但清楚地表達出了她的工作，還描述了她在這個部門中的職責以及這個部門在整間公司裡的作用。她從一個更高的角度上看待自己。如果你是這間公司的經理，打算要晉升某個職員，毫無疑問你會提拔這個人。

這其中的關鍵很簡單：如果你把自己描述成一個討厭自己工作的打雜人員，那麼別人也會以同樣眼光來看待你。相反的，如果你能把自己說得富有遠見卓識，那麼別人對此也會很認同。富有遠見卓識的人總是獲勝者。而且透過運用高水準的語言來描述自己，你會對你的工作，你做這份工作的原因和你對未來的期望有更清楚、更深刻的認知。

高水準的思考還表現在你的言語對他人產生的影響上。例如：你不喜歡你的男朋友對待你的方式，你的一種反應可能是：「我討厭你！不許你這樣！」另外一種反應是：「我真的有點不太喜歡你對待我的方式，你介意我們談談這個問題嗎？」注意第一種反應無疑會引起對方的憤怒，從而避免不了要產生一場爭執。而第二種反應卻不會造成緊張的氣氛。

意圖與目標

當你想要理清自己在每一種情形下的意圖時，你或許會把「意圖」跟「目標」兩件事混為一談，因為兩者的差異十分細微：

第一章　學會思考

設定目標能幫人克服恐懼；目標的追尋使人能全心經營最重視的事情；而夢想使人不至於偏離目標，隨波逐流，而且能遠離有害的事物。

差別則是：目標是一種結束，而意圖則是一種過程。就工作而言，我們的目標也許是「一年賺到五萬美元」、「升為小組主管」或「準時完成工作」。但意圖就可能包括「喜歡我的工作」、「讓家人過得舒服」，以及「做一個表現傑出，重諾守信的人」。

小的意圖	目標
喜歡我的工作 讓家人過得舒服 因工作表現傑出而受人尊重 擁有美好的婚姻	能被指派到我最想做的那份工作且能跟一群喜歡的人一起工作，或把喜歡的人組成一個組且該做的事都能完成 一年內將薪水調到五萬元並說服公司將托兒服務納入員工福利中 按時完成企劃，升遷為小組長，在下週的會議中勇於發言，不要逃避衝突 跟未婚妻白頭偕老，再小的爭執也要設法解決

看到兩者的差別了嗎？一旦目標達成，事情就宣告結束了。但意圖中所含的事項是持續進行的，沒有明確的截止日期或結尾，你若能將目標與意圖交織在一起，便能編織出一幅美好的生活遠景。

如果你必須將心力投注在幾個不同的場所中 —— 如工作、家庭及社團等 —— 也許得為每個場合設定不同的小意圖，因為你對每個地方的期望都不盡相同。

　　你若不知道要如何設定不同的小意圖，或是你比較喜歡設定目標，不太清楚意圖跟目標有何差異，或能帶給你什麼，不妨先想想自己一生最重視的是些什麼東西？

　　如果你連這個也不清楚，不妨先將下面的建議當成最重要的事，那就是擁有一個精彩豐富、價值無限的充實人生。只要能存有這種想法，便能在每個場所中發現小小的意圖，讓它們幫你積聚期盼中的生活。

向你的創造力提出挑戰

　　你是否能夠發展並運用你的天生的創造力是你能否成功的關鍵。可惜的是，人們往往對它缺乏了解，或者是低估了它的作用。天才往往是因為一個人能堅持不懈全力以赴地去完成他所選擇的富有挑戰性的任務，並滿懷自信地去爭取成功的結果。每當一個人產生了創造性的頓悟、想出了解決困難的辦法的時候，他就會自然而然地在取得成功的同時體驗到各種積極的感情。當一個人有條不紊地運用自己的創造力，他就會越來越感到他駕馭了生活，他就會信心倍增，也就會朝著他的目標奮勇直前。

　　對創造力的最好定義是：它是創造新事物或者是以新的方式重組舊事物的能力。創造力的表現是使人的潛能現實化。這種潛能源自於人的潛意識。人的潛意識是一個巨大

第一章　學會思考

的倉庫，它容納了你過去的學識、現有的才智和對未來的展望。因此，充分地利用這個「倉庫」裡的儲備，你就可以為你所思考的問題創造新意，也可以提高你的藝術和學術的水準，提高你專業的天賦，就可以達到那些對你來說具有重要意義的特定目標。

如果你想開發出你所有的潛力，了解並抓住能使你取得高度成就的新機遇，你就必須對你的創造力提出挑戰，否則，你就會過著和一般人一樣的生活，結果變成一個純粹的複製品，而不是一個有創見的、能夠進行獨立思考的人。當每個人的想法都一致的時候，其實沒有人在思考，也不可能有什麼有用的東西產生。

研究人員發現，具有創造能力的人，他的創造力的大小與他的積極的生活態度有著直接的關聯性。積極的人是那些能夠時常考慮到事物的多種可能性的人，是那些能夠意識到可以透過各種方法達到同一目的的人。積極的態度必然導致對其他可能性的信心。積極的思考者可以從多種想法中發現最有價值的想法，並且可以找到為什麼這種想法能夠生效的原因。相反的，一個消極的思考者總是把精力集中在尋找某個設想為什麼不生效的原因上。創造性的思考可以把你帶入一個更加廣闊的領域，在那裡，你可能找到更多的解決問題的方法。正如亞伯拉罕・馬斯洛所說：「如果你不能發揮出你的全部能力，而只

是裹足不前，那麼，你的生活不會是幸福的。」

創造性地解決問題包括兩種截然不同的思考過程，它們的區別在於大腦對相關資訊的處理方式不同。

第一種處理方式叫做擴散性思考，它包括了處理相應資訊的所有層面：以不同的方式敘述問題、從不同的角度衡量問題、研究關於問題的基本事實和各種假設、收集其他有關的資訊、列出盡可能多的可能性等等。擴散性思考旨在將構成問題的所有層面展開，以便深入地認識問題的本質，並且列出所有可能的解決方案，這就像將氣體吹入氣球來觀察氣球的大小和形狀一樣。

另一種處理方式是聚合性思考，這種思考方式與擴散性思考方式恰好相反，它將大問題分解成容易解決的小問題，然後集中對關鍵性部分做入木三分的分析，而忽略沒有太大價值的部分。聚合性思考是簡化性的，它可以將問題簡化為具體的行動計畫，以便於評價它的結果。

解決問題的關鍵性技巧是懂得何時用聚合性思考、何時用擴散性思考，而大多數人都只習慣性地用其中一種方式思考。

一個典型的「擴散性思考」者，善於產生許多新的想法，設計出許多新的方案，但是卻做不出一項決定。這樣的人被認為是優柔寡斷的人，他們從不下決心去採取行動，而是喜歡對問題做反覆的研究。

第一章　學會思考

　　而另一方面，一個典型的「聚合性思維」者，則傾向於過早地採取行動，他往往並沒有對事物的所有層面做充分的思考，喜歡在資訊資料尚不完全、各種可供選擇的方案尚未制定出來之前就倉促地做出決定。這種人被認為是容易衝動的人，因為他們從來不徹底弄清他們為什麼要這樣做，他們處理問題過於匆忙，往往不給自己留有充分的時間進行思考。

　　創造力是一種思考的結果，是一種高度發展了的心理技能，旨在產生比原設想更有用的新設想。一個新的想法常常只是從另外的角度用另外的方式重新組合了原想法。你可以很輕鬆地用「自由組合」的方法構想出新的思路。自由組合便是將兩個或兩個以上的想法自由地結合起來，從而形成新的想法。日本索尼公司發明了全新的產品 —— 隨身聽。他們把已知的兩個想法結合起來以滿足人們的需要：能在散步或慢跑（想法1）時聽收音機（想法2）。散步和慢跑是當時興起的兩種休閒活動。

　　注意你的周圍，看一看你還可以用什麼有潛力的東西造福於他人，可以幫助人們提高生活水準，少受苦，多享福。答案在於你自己，在於你的潛意識。當你首先幫助別人開發出他們的全部潛能時，你將開始進入發揮你的全部潛能的境界。

第二章
培養健康的心態

▌步驟五　讓最深的恐懼傾巢而出

幸福總是偏愛那些對每一事物都以積極的態度對待並向最好之處努力的人們；總是偏愛那些樂觀主義者，因為他們能把所有困難都看成是機會。

你可以應付

瓦萊莉不相信「女人四十才開始」這句話，她只知道她的生活把她搞得焦頭爛額。過去六年裡，發生了太多的事情。首先，她和丈夫辛苦建立起來的生意垮了，接著她十幾歲的女兒被診斷出來有癌症，要做化學治療。誰知女兒的病情才剛剛穩定，瓦萊莉的公司大裁員，她又在名單之列。在重重的打擊之中，她決定留在家裡幾個月，撫平傷痛，並乘機休息一下。

「我真的非常害怕下一秒鐘又會發生什麼事，」瓦萊莉說，「我不知道我是不是能應付得來，我已經疲於奔命了。」

瓦萊莉害怕她沒有完全的裝備，無法爬上那越來越陡峭的山坡，她的疑慮是可以理解的。在喪失信心後，挑戰就不再單純的只是挑戰了，它們變成壓力，使我們窮於應付，逼得她只好棄械投降，最後完全崩潰。

根據心理學家的說法，當我們的身體或心理上的安定受到威脅時，壓力就產生了，而且我們還會認為我們並不足以克服那難題。看來是沒有辦法擺脫對環境的恐懼，除非，我

們改變內心的獨白，驅逐一切恐懼。躲在暗處的畏懼心理，它叫我們相信，生命丟來的困難，我們就是解決不了的，它就是這麼糟糕，而你當時也的確是這樣想。

然而，我們如何才能擊敗恐懼心理、反敗為勝呢？在夏威夷大學有個叫「生命之光」的研習會，一位心理學權威教授提出了我們前所未聞的好答案，他說我們必須在心底記住這句話：

「不論發生什麼事，我會處理，我能處理。」

有人懷疑這麼堅定的毅力和自信，是不是每一個人都具備。所以問他：「我們如何確信，一切都能處理得很好呢？」

亞伯回答道：「嚇倒我們的，不是我們不能處理得好，而是我們根本沒有能力的想法。頓時，我們墜入失敗的情緒之中，雖然心裡很苦，我們仍然要告訴自己：我會處理，我能處理。而且我們還要問自己，現在，第一步我將怎麼做？也許我們處理不好，但一開始只要知道，我們能處理，我們會處理，我們就有可能處理得好。」

採用亞伯的建議，試試這個勇往直前、解除憂慮的方法，別只擔心在這一場生命測驗中你會得到什麼成績，你只需以無比的勇氣和耐心，加入搏鬥的行列，盡你自己的力量去做，你將能夠得到意想不到的掌聲。

沒有人能做好每件事情，也許在某些難關上你可以安然

第二章　培養健康的心態

度過，在其他部分則無權過關，但是，你會應付過去的。只要你相信能辦得到，就一定有克服困難的勇氣。

採訪你信念中的好消息

請思考下列「壞消息 a ／好消息 b」的分鏡頭腳本：

1. a. 失業率上升到了 5%。
   b. 就業率穩定在 95%。

2. a. 今天有一架飛機在洛杉磯國際機場失事。
   b. 今天飛抵洛杉磯國際機場的五百五十架客機中，有五百四十九架安全著陸。

3. a. 約翰先生今天逝世，享壽八十四歲。
   b. 約翰先生度過了漫長而富有成就的八十四年的一生，今天他得到了他的歸宿。

4. a. 今天，在一次工廠事故中，喬失去了一根手指。
   b. 喬尚有九根手指，他不但神志清醒、精力旺盛，而且他的手藝不減當年。

5. a. 目前，三分之一的婚姻破裂，最終導致離婚。
   b. 目前，三分之二的婚姻美滿，夫妻白頭偕老。

哪種新聞更準確？

哪種新聞更積極？

哪種新聞報導更客觀？

哪種新聞報導更常見？

你的思想與觀念是使你獲得一系列成功的推動力。無論是哪種觀念，它都會在你的腦中構成一幅景象，並且總是在你的頭腦裡浮現，並最終促使你到達那一個真實境界。如果你對自己說：「我辦不到」、「我配不上」或者「那種事永遠也不可能發生在我身上」，那麼，這種想法就會帶你走到那樣的現實中去。如果你相信這個世界是個欠缺的世界，那你就會「看到」欠缺，體驗到欠缺，並且你自己也一定會欠缺。

欠缺的觀念是自私、嫉妒、怨恨與好鬥情緒的根源，而這些情緒全都是消極的。

無論何時，當你出現消極情緒時，首先你應當佇立並做片刻思考；在這種情緒的背後是一種什麼信念在支持它。你一定要問問自己：「為什麼我會產生這樣的情緒？它們是由我的何種信念引起的？這種信念是合乎實際、合乎邏輯並正確地反映了這個現實世界的嗎？」

如果答案是否定的，那就要改變這些信念，樹立起堅定的積極的信念，從而把自己的情緒引導到更加積極的方面並產生出具有建設性的行為。拋棄你那些消極的信念，去除那些僵化、不合邏輯的思想，你就能自由地在創造自己的幸福的道路上奮進，最終實現自我。

第二章　培養健康的心態

別怕不圓滿

「我們總希望人生完美得如同圓規畫出來的圓。」一位禪師這樣說過，「但完美不一定非要如此不可，月缺的時候也是一種圓滿。」

我們不需要規規矩矩地畫出均衡完美的圓，我們全都有點瑕疵、凹凸不平、充滿害怕，休息一下吧！休息之後，我們會發現一切沒有這麼難應付，睡覺起來後，似乎不再這麼難過了。這也告訴我們和別人相處時，不必事事要求完美。以真實面貌視人，不必掩飾，你將發現沒有什麼比這個更快樂的了。

尋找真誠的聽眾

通常在我們害怕的時候，實在很難找到一個地方可以讓我們毫不忌諱地說出口。當人們問：「你好嗎？」通常他們期望聽到的就是：「很好，謝謝。」而不是：「我嚇死了，不知道下一步該怎麼做。」好聽的話，往往包括你的兄弟姊妹、父母親、配偶與戀人，甚至朋友，無人不喜歡。

有時候，是因為我們說了害怕的話，會影響別人對自己的評價，所以，我們假裝很好，他人也這樣相信了。

真心說出「我很好」，是一件令人愉快的事，然而當我們正在荊棘滿地的森林中，艱難地尋找出路時，我們需要朋

友聽聽我們的哀鳴，我們需要別人聽自己袒露內心的脆弱。

許多團體提供一些研習班讓人傾吐。你有沒有去過這種可以調適你所面臨的問題的地方呢？打聽一下，到某些團體去參加幾次聚會，看看是否對你有所幫助？如果發現不適合，再離開也不遲。

請相信，你會一直需要找一個安全的地方，傾吐心聲，你甚至還可以在身邊找另外一個人當聽眾，分享你的祕密，讓你稍稍地釋放重擔。我們的恐懼並不一定會比別人大，可能別人也同樣經歷過，甚至戰勝過它們。有時候，難就難在別人不一定準備好當一名好的聽眾，但不用擔心，只要你真心待人，別人總能接納你的傷心事。

養成勇敢面對的習慣

教人習慣面對害怕，似乎很難。直接心平氣和地面對恐懼，的確也需要鼓起非常大的勇氣。勇氣不是沒有，只要我們一步一步地去面對、下定決心，終究可以治癒逃避恐懼的老毛病，每一個抉擇看起來雖不起眼，但累積起來就很可觀。

以下是一個專家的見證：

多年來，八十五歲的露西一直都是個社會工作人員。1963 年，她在夏威夷替麻瘋病人服務，正當她飛回夏威夷途中，在一個小島附近，飛機失事墜毀掉入水中，她的背部嚴重受傷，但她還是設法爬出飛機殘骸，游到岸邊。

第二章　培養健康的心態

　　一個月後，露西出院，回到海邊靜養，卻發現從小在海邊長大、喜歡藍色太平洋的她，如今對海洋害怕極了。然而無論如何，她決定要回到那出事的地點，坐著傾聽那海浪的怒吼。終於有一天，她發現她的恐懼不見了，那個傷心處又再度變成了輕鬆自在的地方。

　　年復一年，一次下一個決定，露西就是不肯讓恐懼主宰她的生活。今天，露西以極大的勇氣度過她有限的餘生：她戴著兩個助聽器，眼裡有兩個人工眼球，有一個膝蓋也是人工的，背痛一直不能停歇。由於一個人住在老人退休公寓裡，身體上的不方便，讓她感到不安。為了減輕她的恐懼，她有些應對的方法，例如在準備三餐時，她會用一個計時器來提醒自己，免得忘了鍋子還在爐火上；她和鄰居共同訂一份報紙，約定每天在固定的時間放在彼此的門口，如此一來，大家都可以知道對方還是很「平安」的。

　　露西強調，她的信仰是一切的力量，並使她明白如何應付每一個挑戰。從她年輕時代起，禱告、靜坐、讀《聖經》就是她每天的固定活動。露西相信：養成習慣，每天固定和上帝接近，使她可以理直氣壯地說：「我接受我的人生遭遇，我不嫉妒別人的幸運，我不認為不幸必然就是一種警告。不幸是自然會發生的，人生就是如此。」

　　你今天可以做些什麼小抉擇來面對你的恐懼呢？你是否

需要溫柔地提醒自己：不要緊張，放輕鬆，深吸一口氣，然後吐氣？你是否該開始堅定立場，不讓你的同事老是搭你的便車？每天提早半小時起床，沉思冥想是否對你有幫助呢？你是否該找個牙醫和他溝通你最近疼痛的牙齒呢？你是否該去參加戒酒班了呢？是否該著手尋找理想的地點，把你一直嚮往的餐廳經營起來呢？

今天生命要你做些什麼努力？勇氣十足，純粹是習慣的產物。現在，你可以開始做些小小的、伸手可及的抉擇，讓這些小努力積少成多，形成堅固超然的習慣，那就叫做勇氣。

你並不孤單

正如一位十三世紀波斯詩人的了解，我們都是帶著光旅行的「夜行人」，能夠以光照亮彼此。有一位二十幾歲的研究生也有同感，她說：「一旦我們知道每一個人都有他害怕的事時，這個害怕就不是那麼『巨大』，因為，別人能克服的恐懼，我們也可以做到。」

我們面對著自己的恐懼度過一天，在某種意義上，我們的確是踽踽獨行的，但是當你想像，並感覺到「前人」的精神和能量時，那是多麼大的安慰。那些人在過去、現在以及未來的時光裡，曾經成功地戰勝過恐懼，贏得成功。我們的路是孤獨的，和前輩們一樣。我們一直認定，在這茫茫黑暗

第二章　培養健康的心態

中，只有自己的手中握著閃爍不定的燭火摸索，然而我們舉目四望，依然能見到周圍的燈光明亮。其實我們並不孤獨，大家一樣面對的是不安與恐懼。

獨自面對恐懼的人都是夜行者。有時，我們的夜行同伴正處於生命的黑暗時期，例如兒童、婦女、男人在獅子山遭到無情炮火的狙擊；如早期基督徒被帶到羅馬競技場去餵獅子；如第二次世界大戰期間數百萬猶太人在集中營裡被凌虐謀殺；如 1960 年代美國黑人再也不肯坐在巴士的最後一排；如飛機失事時鄰座的至親摯愛死去，而自己卻苟活了下來；又如孩童尚未出生，就注定將被父母羞辱、毆打或性虐待。

夜行者也必定會碰到一些小挫折：五歲小孩第一天上幼稚園，心裡的失落、畏懼；年輕人第一次在女友家門前，惶恐地問候她的雙親；藝術家不斷地把想法畫在畫布上；男人失去了太太，只好自己為自己準備飯菜。

琳恩‧安德魯絲寫道：「力量的第一課是我們每一個人都必須找到方法，把個別的勇氣聚集起來，這樣我們就可以把人類的恐懼、掙扎、勝利加以改造、融合、解除大部分被獨立的感覺。當我們慢慢軟化，並發覺到別人曾經不得不為了尋找夥伴，就把恐懼大聲說出來，讓大家知道。」

文章篇首所寫的詩後來又被續寫道：「月亮為夜行人升起。」它給了我們美麗的承諾。一旦我們爬出自己孤獨恐懼

的小牢籠，與別的夜行人結伴同行時，我們才知道四周再也不是一片漆黑，因為我們為彼此點亮了路燈。

　　宇宙如此慷慨，以月光幫助我們前行，照亮每一個暗處，使我們敢於逐一面對，我們還有什麼恐懼要抱持著不放呢？

原諒自己是個凡人

　　你會生病，有時甚至病倒在床上。令人害怕的東西進入了你的身體，你會覺得是你的疏忽所造成的；你擔心會得心臟病、癌症，或成為愛滋病帶原者，或是你的背痛永遠不能根治。

　　或許，這多少是自己的過失。你嚇壞了，認為自己犯了相當大的人為錯誤，也許一開始就不該嘲笑吃素的教徒，或許自己不該一直吃漢堡和炸雞。怪罪自己常調錯鬧鐘，錯過了早晨的慢跑；或者不注意節食的承諾，大吃高脂肪的巧克力聖代；也許自己只能記恨那個搶了你升遷機會的人；或者你只知道空想，想像癌細胞在身體裡奔騰，卻不好好享受日子。

　　一旦你面對你應該負起責任的那些害怕的事，把每一件你所能想到的過錯都列下來，承認你的憤怒和厭惡、悲傷和後悔，或者任何感覺，這些雖是你不願意挑起的舊傷，但請你以一種對待好朋友的同情心，同樣地對自己說：「我原諒你

第二章　培養健康的心態

的不完美。」

　　每當你開始責罰自己的時候，請停停手，一次、再一次地原諒自己吧！

　　透過這個程序，你或許會領悟到一種較健康的生活方式——你所賦予任何事情的智慧「只是一瞬間」，所以你應該盡你所能地馬上使用「即時智慧」，至於所有消極、不安的煩惱，則暫擱一旁。你可以推測未來，你可以擔心未來，但當你仍然必須往前走時，行動才是成功之母。

　　別忘了：即便你多麼不平凡，你仍然是血肉之軀，不能保證永遠不出錯。

讓最深的恐懼傾巢而出

　　有時候對付恐懼的最佳方法是問你自己：「最糟會糟到什麼地步？」然後靜待結果出現。通常，我們不會有這種興致去嘗試這種做法。人們常說：「最可怕的事終於發生了！」我們之所以抗拒懼「怕」的念頭，是因為我們認為，如果讓不祥的思想飄過腦際，不幸就很可會能發生了。我們也會想像，自己並沒有足夠的勇氣，直接面對可惡的恐懼。

　　問題是，恐懼早已自覺地來到我們心中，從我們的潛意識裡，神出鬼沒地定期出現。不管我們多麼費勁地阻止，那主題旋律似乎就是一再地重複：像是「也許我的事業拓展得

太快，到頭來不得不解僱一些靠我養家糊口的員工」。

　　像這類可怕的念頭，往往前仆後繼地出現，雖然你想扼殺它們，它們卻像泉水般不斷地冒出來；只要我們一直逃避面對那深沉的恐懼，它就會鍥而不捨地尾隨著我們，讓我們整日焦躁不安、滿腹疑雲。只有停止疑慮，去發現它，我們才有辦法開始注意它，看它怎麼捉弄我們的生活。

　　五年以前，瑪莉琳告訴記者們說：「我的女兒蜜雪兒說她的腎臟失去功能。那時候我的生命彷彿掉入一團黑暗之中，我以為她會死，怕得無以復加，卻無計可施。不過，我逐漸想到了辦法，我還可以捐給她一個腎。」

　　「事先無法保證，我們的腎彼此相容，也沒有人敢說移植的腎就會正常運作。很可能我開刀取出一個腎，而她的免疫系統卻排斥我的腎。不過，我勇敢地面對了，並且把我的疑慮向醫院的醫護人員說出之後，我的恐懼思想轉變成實際的可能性，有助於消除我的最怕。我必須誠實地問自己，如果害怕的事成真了，我能受得了嗎？答案是肯定的，因為即使那樣，我仍然會對蜜雪兒響亮而大聲說道：妳是我最珍惜的孩子，我會不顧一切犧牲為妳求得更好的人生。幸好，她腎臟移植手術至今一直都是順利的。」

　　也許你不該再閃躲，該問自己這個問題了：如果……發生了，我怎麼辦？

第二章　培養健康的心態

　　雖然最壞的結果可能嚇壞人，但你還是要激盪一下腦力，盤算一下你可能的反應。不要局限你自己，想著正常管道、傳統方法、理智行為的同時，不妨也考慮一些荒唐、瘋狂、可笑的解決方法。想清楚之後，拋到一邊，回到現在，不要急著進行，也不要奢望一時三刻會有答案。假以時日，你的一些法子會派上用場的，幫助你適當地為最壞的情況作準備。

　　雖然一直沉浸在最壞的打算裡是不健康的舉動，但一味逃避也不是最聰明的辦法。一旦暴露於陽光下，最黑暗的恐懼也將有個形狀可以讓我們對它加以掌握。

珍惜你的所有

　　一般人活著老是深恐手邊沒有齊全的材料，做不出一道幸福的人生菜餚。

　　雖然我們不會在大庭廣眾之下發作，但私底下，我們常聽見心裡有個賴皮的小孩吵著說：多一點，再多一點！不是這個，我要的是那個。把這盤綠色的可怕東西拿走，給我一碗巧克力冰淇淋。

　　然而，要是真的得到我們所要的……我們就會從此快樂起來嗎？如果有人通知我們中了樂透大獎，或者我們跟世界首富結婚了，或是我們繼承了一筆財產，辭去工作，搬到杜拜去寫一本偉大的小說，或者我們一覺醒來，長年關節痛和氣喘竟然不藥而癒了呢？有了這些，我們真的就滿意了嗎？

《追求幸福》一書中寫道：「從一大堆的研究中我們發現，人們會習慣於現實的生活享受，但那種現實生活經驗卻無關乎人的福祉。」

換句話說，當我們視為好運的東西真的來到眼前時，幸福的感覺卻就此打住了，隨之而來的，是一種害怕「失去」的恐懼。我們一時間或許會欣慰，也會得到片刻的滿足，但那滋味就像吃巧克力餅乾或喝可樂，短暫的快感過去之後，留下來的只剩滿嘴的甜膩。

反過來說，當我們遭逢重大損失，幸福一去不返時，我們會身心俱疲，沮喪、悲哀、憤憤不平好一段時間，即使龍捲風掀去我們的屋頂，所愛的人離開人間，我們殘廢了，或是病倒了……最後，我們還是會回歸到原有對幸福的最低要求 —— 至少我還活著。

如果你怎樣都無法在想像的未來裡找到幸福的歸屬，不要以為你一輩子都沒有機會，因為這時是你的良機 ——

你可以這樣開始：每天早晨醒來對自己說：活著真好（或者使用別的你認為適合的形容詞）。白天，當你開始埋怨環境，為自己難過時，把這一句話再說一遍。特別是半夜醒來，尤其需要再複誦一遍。也許你覺得這很虛假，沒關係，說它幾個星期、幾個月，有一天你會發現 —— 從前你深信不移的「我真可憐」的故事情節，在現實生活中其實才是虛幻小說。

　　想要得到我們所渴望的，以至於一直期待只有「某件事情」的發生，我們才會心滿意足，這埋下了長期焦慮的種子，它模糊了我們的視線，使我們根本看不清眼前自己所擁有的美好事物。要知道的是，我們不可能「得到」一種東西，使我們永保快樂，也不可能「失去」一種東西，使我們永遠悲哀。

　　不管發生什麼，或不發生什麼，我們每一個人都有能力選擇獲得快樂的方法，只要宣告擁有此種能力，我們就能信手拈來，調配幸福的佳餚，我們每個人真的很幸運擁有當下的所有，現在你就該這樣告訴自己。

▌步驟六　只有你才是生命的重心

　　你有堅強的一面，也有軟弱的地方。你有優點也有缺點，因此你和別人一樣平等，和別人一樣有價值，和別人一樣重要。

缺乏自信者將與成功無緣

　　缺乏自信是件很可怕的事，它剝奪了你許多能成功的機會，浪費掉了你寶貴的時間，甚至會啟動那些能傷害你的情感，把你擊垮。在極端的情況下，它甚至會使你走上自我毀滅之路。

步驟六　只有你才是生命的重心

如果你是一名缺乏自信的人，那麼我知道當我對你說：「你是一個不錯的人，一定要對自己有信心。」之時你會怎麼想？你會想：「是的，對你來說可能是這樣，但這並不是指我，我是一個失敗者，是個傻瓜。我生活在痛苦中，我討厭自信。」或許你並不像上面所說的那麼極端，只是稍微有點厭惡自己。這些也許對你未必會起作用，但希望你能對此加以認真思考，一週後再重讀此段。如此循環下去，並不停地思考，大約過了十週後，你將會看到發生在你身上的變化。我們的目的就是要幫助你開始這一過程。這種自信心的變化將會帶領你走向成功。

學會接納自己

讓我們從陳述一個簡單的事實開始：你是人類的一員，在這點上你與其他人並沒有什麼區別。你有堅強的一面，也有軟弱的地方。你有優點也有缺點，因此你與別人一樣平等，與別人一樣有價值，與別人一樣重要。然而你自己卻不願相信這些事實，這使得你無法把自己和別人放在同一個天平上。你對自己缺乏信心，不肯承認自身的價值。

我知道當你看到周圍的人時會想：「他有運動的天賦，她很有聰明才智，她有……」

然後你可能會認為：「這些我都不擅長，無論我做什麼都做不好。」事實上不是這樣的，實際上你也跟別人一樣在

第二章　培養健康的心態

某一領域內富有才氣。你也有發展這種天賦的欲望。在這點上，你和其他人沒有區別，唯一不同的是他們發現並接納了自己的天賦，而且已經開始在利用這種天賦。但你沒有，你所欠缺的就是接納自己。

下面這段引文可能會對你有所啟發：

> 在 1974 年，喬治‧盧卡斯陷入了困境。他的經紀人拒絕接受拍《星際大戰》的提議，電影界的藝術家們也沒有同意，只有二十世紀福斯公司對此有些搖擺不定。但喬治卻無法把這點閃爍的亮光變成熊熊燃燒的大火，因為公司的管理人員根本不明白喬治對這部影片所懷有的夢想是什麼。

這就是喬治‧盧卡斯，那個製作了無數優秀電影的人。在他的大腦中有一個偉大的構想，就是《星際大戰》。儘管他在許多影片上獲得了成功，但同時他也遭到了多家公司的拒絕。

自信的基礎是歷練

此段摘自山姆‧沃爾頓的故事：

> 山姆‧沃爾頓在紐波特度過了五年，他的商店成了當地最好的商店之一。所有從北方的阿肯色州來的人都到這裡來購買那些只有在小石城以南，或

田納西州以東才會看到的貨物。例如帶白羽毛的鞋和護髮用品，這一切使得山姆的商店在當地非常受歡迎。商店的前任主人開始注意到商店的發展，他也喜歡山姆所做的一切，特別是商店的規模、外觀和快速成長的利潤。但最後他還是給山姆上了商業上的第一課。這個人在心裡打著算盤。他是當地最受歡迎的人，他的兒子就要從戰場上歸來，已經多年沒有工作了。這個年輕人回來後只能為他的父母工作，於是這個人為了奪取商店給他的兒子經營，就運用商業合約上的條款把山姆・沃爾頓從這個他本來擁有十年經營權的商店裡趕了出去。

這就是山姆・沃爾頓，沃爾瑪公司的創建人。也是他那個時代全美最富有的人之一。這段引文描述的是他的第一間商店。他把全部的積蓄都投入到這間商店上，並經過五年的苦心經營取得了成功。然而由於租約上的可惡條款，他不得不把自己的成功拱手讓給了別人。

自信潛藏在你的意識中

此段引文取自康拉德・希爾頓的自傳：

> 我，一個人，四處流浪著。從一個旅館到另一個旅館，從一個地方到另一個地方。我盡可能地去

借費用，總是從這裡借一元，再從那裡借一元，卻始終運氣不夠好……正在這時，穆迪斯正準備取消我對抵押品的贖回權。他們認為我已無望贖回這些東西了。我當時的債務已經達到三十萬元。我把希爾頓旅館抵押給了他們。幾個星期後，他們接管了希爾頓，接管了我的妻子和母親的房子，並控制了我的合夥人的命運。我已經一無所有了。

這就是希爾頓連鎖酒店的創建人，現在已擁有四十三萬名員工，每年要迎接四百萬名億萬富翁客人。

身價數百萬的成功者都曾有過這樣的經歷。透過以上文字我們只想告訴你，你現在缺乏自信，認為自己不會成功，是因為你只看到了自己的失敗之處，並把精力都集中在它們上面。你所錯過的就是「即使是充滿自信的成功者也有出錯的時候」。這是任何人都避免不了的，不論是成功者還是失敗者，不論是老人還是年輕人，這種事會不斷地發生，無論你在哪，無論你在做什麼，也無論你所走過的道路是多麼艱難。充滿自信的人和缺乏自信的人之間的區別就在於他們看待問題的方式。這也就是要你自信的原因。現在你之所以會缺乏自信就是因為你只把目光集中在失敗上，而沒有看到未來潛在的成功。甚至是既成功又充滿自信的人也會有馬失前蹄的時候，這就是生活中的事實。

　　成功者與失敗者之間的區別就在於成功者能夠不斷地打拚直到抵達成功的彼岸。當我們看到他們時會說：「這對你們來說當然很容易！」事實卻不是這樣的，有些人偶爾獲勝，他們靠的是運氣。而更多的人靠的是不懈的努力來達到自己最終的目標，實現自己的理想。自信潛藏在你的能力與自身價值之中，它給予你力量，幫助你在逆境中打拚，直到你看見希望之光，並將夢想變成現實。然而如果你能夠正確地了解自信並承認它在你身上所發揮的作用，那麼這種艱辛也會充滿了樂趣。艱辛是你為了達成理想，實現自身價值所必須付出的代價。我們更注重的是這段努力的過程而不是結果。

七種建立自信的方法

　　下面有一些方法能夠幫助你消除自我憎惡的不良影響並為自己建立信心。儘管這要花費你一定的時間，但卻很有效果。

　　列一個能力清單，寫出你所擅長的一切。如果你覺得自己真的什麼也不會做，那麼你現在就從小事做起，如果你認為「我很會籌備一場晚會」，那你又怎麼會做不好呢？如果你真的做不好，就學會一種能把它做好的方法，找一位能教你如何籌備、安排一場晚會的朋友，學會這些技巧，按照你想像中最理想的樣子來安排一場晚會。之後，你就會說：「我用自己的方式把它辦得很好。」當你想著「今天早上我會把

牙刷得很好」時，你又怎麼會做不好呢？當然，你能把許多的事情做得很好，不論大小。列出你所擅長的一切，你每天都要將它們讀一遍，並逐步做出改進。

　　要接納讚揚。當有人讚揚你的時候，無論大小，也無論為了什麼原因，你都要說聲：「謝謝。」這就是你接納讚揚的方式。如果你真的感覺不錯，可以說：「謝謝，這讓我感覺很好。」絕對不要說：「在這種事上稱讚我，他一定是個白痴。」而要想：「這真是太棒了！」對於讚揚仔細地想想並接納它，你會明白別人稱讚你的原因，沒有人會無緣無故地這樣做。

　　成功能增強你的信心，因此你要把握每一個可能成功的機會。這就是為什麼運動員總是充滿自信的一個原因。他們在比賽中獲勝，並泰然地接受這些勝利。

　　每天回家後，你至少要寫出五件你在這一天裡做得很出色的事情。有些時候可能很難找，這時你要盡力去回想：「今天我幫了同事一個小忙。」「我今天上班很準時。」無論什麼都可以。堅持把這些事情記在筆記本上，常常把它拿出來看看，找出典型事例並把它們加入到你的能力清單裡。

　　每個人都有超人的力量，這也許會令你難以置信，但卻是事實。把你自己當成超級英雄，想想自己擅長什麼？什麼是你所具有的超人力量？

　　說出你的名字。每次與陌生人攀談時你都說：「嗨！我

叫趙悅庭。」在一開始你可能會覺得很不舒服，但你要堅持下去。無論在何種情形下，打電話或是購物，無論在哪裡，都要說：「嗨！我叫趙悅庭。」直到你感覺自然為止。你的名字是趙悅庭，你應該以此為榮，你很誠實並充滿自信。這就是你在那句話中所要表達的意思。甚至在你覺得自己很悲傷時，也要這麼做。同時別忘了你說這句話時要面帶微笑。

　　有些人會由於想起以前所犯的錯誤而給自己製造許多麻煩。當你一個人獨自生活，想起自己兩年前所犯的愚蠢錯誤時，你會覺得自己真像個白痴。為什麼會發生這種事呢？那是由於你看到、想到或聽到的某些事物撥動了你記憶的琴弦。每個人都會遇到這種事。讓它成為過去吧！它只是你記憶中殘留的碎片，毫無意義可言。你可以對自己說：嗨！它只是一種愚蠢的記憶，讓我們結束它翻開新的一頁吧！來代替從前那種不良的感覺。記住，每個人都會想起過去犯下的錯誤，並不是只有你自己。你可以把它們記在筆記本上：「我記得在今天的晚會上，我把柳橙汁灑在了同伴的身上，於是她在眾人面前朝我大叫起來。」看看這個記錄，下回你就會更加小心了。

　　每個人都會犯錯。錯誤會對人們造成傷害，是因為它們常常使人難堪並陷入困境。充滿自信的人對此會說：「那沒什麼，讓我們找出一個解決的方法，下次不要再犯了。」而且

這些人也會嘲笑自己這種偶然出現的愚蠢。與自信者不同的是，缺乏自信的人只會想：「天啊，我竟會犯如此愚蠢的錯誤，我真沒用，我是個白痴，為什麼我會這樣，我恨自己，什麼時候我才能學會……」你看出這種不同了吧？關鍵在於：這是你的大腦！

讓我再重複一遍：這是你的大腦！

你能夠控制你的大腦要對你說些什麼。你已經看到了，充滿自信的人只記得一件事，而缺乏自信的人卻淨說其他沒用的。讓你的大腦對你說些有用的事情。當你想起那些愚蠢的錯誤時，把它當做過去，並轉而想一些有益的事情。不要忘記這是你的大腦，你可以控制它每天對你說些什麼。

克服自信的勁敵 —— 恐懼

恐懼是生活中無法逃避的事實。就像憤怒和愛一樣，它是你大腦中正常的情感，你無法將它消除，但你能控制住它。

恐懼與自信為敵。與自信相反，它不是讓你覺得自己會把事情做好，而是使你害怕把事情搞砸或擔心有什麼倒楣的事要發生。例如，假設我讓你沿著一條普通的、有一條街長的人行道走到底，如果你不出差錯的話，我會給你一百元。這條人行道就是城郊之間或公園內人行道的標準寬度。你會對我們說：「沒問題！」很明顯，你會毫無困難地走到底。而

且你每天都要這麼做的話，你會從這頭一直跑到另一頭，很輕鬆地就能拿到這筆錢。

現在假設我們把這條人行道放在紐約世界貿易中心的雙子大廈之間，讓你從這上面走過去，你站在三百英呎的高空中，風在你的耳邊呼嘯著，「在這條人行道上行走」，突然間你就會感到異常恐怖。這與原來有什麼區別嗎？從概念上來講，毫無不同。如果你在鄉間小路上走，頂多會跌倒並擦破皮，但如果是在三百英呎的高空中行走，你卻有死亡的可能。於是你大腦中的風險因素向你傳出「恐懼」的訊號。

在許多不同的情境中，也會出現這樣的恐懼訊號。由於這種潛在的恐懼或焦慮，會使你犯下錯誤並失去某些重要的東西。這就是我們之所以會崇拜那些偉大的運動員的原因。比如一位著名的高爾夫球選手，在喬治亞州奧古斯塔的錦標賽上，已經打到了第十八個洞。此時三千萬隻眼睛在注視著他。如果他這一桿成功就會贏得比賽，如果他失敗就會與冠軍無緣。我們敬重他是因為他能控制自己的恐懼從而走向勝利。體育運動能教會人們在壓力下控制恐懼，特別是在賭注很大的比賽上，要做到這一點並不容易。

有一個能讓你克服恐懼的方法，就是透過實踐來鍛鍊自己。如果你想在世貿易中心的雙子大廈間行走，那麼你就要從不同的高度練起。這會比你一開始就在世貿中心的大廈間

第二章　培養健康的心態

行走容易多了。你可以從十英呎開始，然後是二十英呎、一百英呎，一直到三百英呎。透過這種練習你既掌握了技巧又為自己建立了信心。你要了解可能會出現的不同情況，最後你會看到那些潛在的失敗因素。你才能無畏地面對恐懼，並完全控制住它。

自信能夠給你勇氣，讓你面對恐懼，自信是人類的一種情感，只有你自如地掌握它才能將之充分利用。

自信者的思想

那麼充滿自信的人和缺乏自信的人在思想上究竟有何不同呢？透過了解這種不同你會徹頭徹尾地改變自己，變得對自己很有信心。記住，沒有什麼能阻止你發生這種變化。一切都在你大腦的掌握之中。

讓我們從陳述一個最大的區別開始。充滿自信的人和缺乏自信的人的思考完全不同。下面是一個缺乏自信的人的心靈獨白：

我的天哪！

我是世界上最傻的人。我真不敢相信自己竟然會愚蠢到這種程度。我今天居然犯了這種只有白痴才會犯的錯誤。我真愚蠢！我恨不得馬上去死。我什麼事都做不好……

以下是一個充滿自信的人對自己所說的話，請把這二者

比較一下：

　　今天真的很不錯。我很高興自己今天能與上司講到話。我想我一定給他留下了深刻的印象。我很吃驚今天自己能在這種情況下做得很好。明年我就能拿到碩士學位！我想下次我跟他談話的目標是……

　　這裡面有個明顯的不同之處。那個缺乏自信並憎惡自己並把注意力都集中在他的錯誤、他的愚蠢上面，而忽視了自己做得好的一面。這種人總是想起過去自己所犯的錯誤，並不斷地用它們來打擊自己。而充滿自信的人則把注意力放在好的方面，並期待自己在將來做得更好。這其中沒有什麼魔力，只有一種選擇：你是將精力集中在過去壞的一面還是未來好的一面。如果你是一個缺乏自信的人，你可能會做出消極的選擇。你要開始學著向積極的方面轉變。一個充滿自信的人只會說：「我很好，我很正常。一切都很好。」永遠是這樣。

　　一個充滿自信的人能從一些很小的事情中得到許多重要的資訊。看看已走到目的地的那些名人：

➤ 任何一名成功的商人
➤ 任何一名電視或電影明星
➤ 任何一名體育明星
➤ 任何一名奧運會的運動員

第二章　培養健康的心態

　　自信者看到這些人時會想：「他們都是從小開始，就像我一樣；他們在成長的過程中學到了許多東西，就像我一樣；他們也會犯錯誤，就像我一樣；他們也都來自底層，就像我一樣。看看他們現在處在什麼位置上，總有一天，我也會達到那種程度，就像他們一樣。現在我該怎樣幫助自己去實現理想呢？」

　　缺乏自信的人看到這些人時會說：「他們真走運！我永遠都不能像他們那樣，他們天生如此。而我卻蠢得要命！我恨自己。」

　　有自信的人能夠實現自己的夢想。這些人在出生時都跟你一樣，他們並沒有任何特別之處。他們有天賦，但同樣也會遇到問題，陷入困境。他們也都經歷了從孩子到青少年這段時期，是什麼使得他們能獲得成功呢？他們只是發現了自己所擅長的東西並不斷地為此努力，直到他們擁有今天的一切。每個人都有天賦。你的目標就是去發現它並為此不斷努力直至成功。

只有你才是生命的重心

　　美國職業棒球大聯盟有一位非常特別的人物，他叫吉姆・亞伯特，他之所以特別是因為他是一位獨臂選手，而且是一位獨臂投手。

步驟六　只有你才是生命的重心

　　人們常常在電視轉播中看到他每投出一球後，熟練地將原先夾在獨臂腋下的手套快速地轉套到完好的手上，做好防守動作。而每當球傳進他的手套時，他依舊能熟練地將手套內的球取出，精確地傳出去，或做出更好的投球準備。

　　更令人驚訝的是，亞伯特還在大聯盟的投手生涯中創下安打完封的「完全比賽」紀錄，這是連一般擁有完整雙臂的投手都很難達到的目標，更何況是在全世界水準最高的美國職業棒球大聯盟上，他簡直是百裡挑一的一號種子選手。

　　事實上，亞伯特並非大聯盟史上第一位獨臂選手，但卻是不折不扣的第一位獨臂投手。投手在比賽中扮演著最重要的角色，常常主宰著球隊的勝敗。亞伯特之所以擁有自己獨特的天空，用他的話來說就是心底的無限自信與對棒球的一種執著的熱愛，這種自信鼓舞著他付出了比別人多百倍的訓練。

　　我們都曾聽過：某人為了遷就父母的想法，選了一門自己不喜歡的科系，或者娶了自己不愛的人，或是從事自己不喜歡的職業。某人看別人在商場中大發利市，便盲目跟從，結果不適己性，經營不善，虧損累累……這些都是源於你缺乏自信，不相信自己能夠承擔自己的現在與未來，所以你才努力地把自己的一切依附於別人。事實上，如果連你自己都不能肯定地相信自己，別人的鼓勵又能產生什麼作用呢？

第二章　培養健康的心態

別人的想法永遠不能完全代表你自己，你也絕對有權去決定要不要接受別人的意見或是受不受別人的影響。

記住：只有你才是真正你生命的重心，也只有你給自己最有力的肯定，那才是你成長中的突破，潛能開發的最佳基礎。

想一想以下的問題：

1. 什麼情況下，我容易有自我否定的現象？
2. 我曾經有過的輝煌事蹟、不凡的優秀表現是哪些？為什麼我能實現？
3. 對我最有效的激勵方式是什麼？

常常想想自己的好，並強化這種優秀的感覺，給予自己更多的激勵和肯定，不用跟別人比，只把自己當做要不斷超越的目標，百分之百信任自己，並且在每次達成目標與超越時給予最棒的鼓勵，把鼓勵別人的話用來鼓勵自己。

自信者要坦然接受失敗

當一個缺乏自信的人犯錯或遭人拒絕時他會怎麼做？他會為此沮喪好幾天。而一個充滿自信的人會勇敢地面對錯誤，總結經驗和教訓，並把目光放在明天要做的事情上。他只會向前看。為什麼要為此沮喪呢？這能於事有補嗎？

自信者能夠坦然接受失敗，並懂得失敗是通往成功的必經之路。只有在經歷過失敗的錘煉之後，你才會到達成功的

彼岸。所有的成功者都曾跌倒過。與失敗者不同的是他們能夠積極地看待從失敗中得來的教訓。

　　自信者能夠從批評中汲取養分從而使自己做得更好。如果是無益的批評，他們會對此置之不理並繼續走自己的路。如果有人走上前朝你大喊：「不要再鑽牛角尖啦！」你可以這樣回答他：「走開，別浪費我的時間。」你對此不必在意，因為他的話很明顯是不正確的。這就是無益的批評，你完全可以置之不理。

　　自信者喜歡嘗試。為了實現夢想，他們往往要嘗試過許多次，走過許多條路。而缺乏自信的人通常只會試一次，一旦失敗，他們便會裹足不前。

　　最後，缺乏自信的人會不斷遭受直接的或間接的打擊。「我是如此的愚蠢。」這是他們最常說的一句話。相反的，自信者會從中尋找有益的資訊。充滿自信的人也會犯錯，但他們會把這當做學習的機會而不是用它來毀滅自己。

　　你是否看出充滿自信的人與缺乏自信的人有何不同了呢？想成為一個自信者，你要對自己說：「我是一個普通人。我有一定的天賦，但我也會犯錯誤。我跟其他人沒有什麼不同。」在此基礎上，你要把注意力放在有益的事物上，而不是有害的事物。對於好與壞你各有一半的選擇機會。正是因為你有權選擇，所以注意好的一面會更容易一些。

第二章　培養健康的心態

自信可以讓你獲得愛

　　充滿自信的人和缺乏自信的人在異性面前表現得完全不同。想像一下你是一個很有自信的人，正在自助餐廳吃飯。在你旁邊坐著一個非常迷人的女孩（男孩），這令你感覺很好。你對自己很有信心，但你知道世界上並不是只有這一個女孩（男孩）。你會說：「你好嗎？」這很簡單。那個人也會用同樣的方式回應你。接下來你們可能會進行一場很愉快的談話，也可能不會。但這沒有關係。如果你們相處得很融洽，你可以說：「很高興遇到你，以後我能打電話給你嗎？」那個人也許會說：「可以。」也許他會拒絕。在這裡面沒有一絲痛苦、恐懼和勉強，一切發生得都很自然。自信 —— 是對你自身價值的肯定 —— 它完全能夠給你這樣的生活體驗。

　　還有一件事你要仔細地考慮一下，假設讓你回到國小三年級重新考試，你會覺得所有的問題都很簡單。這就是成年人似乎更充滿自信的原因。他們經歷了太多的風雨，並已能對一切應付自如。對於運動員來說，在不同的比賽中可能會遇到相同的情況，但他們已經知道要如何處理這些情況。在生活中，你要透過實踐來鍛鍊自己，你要不停地去嘗試直至你獲得成功。

▌步驟七　超越你的自卑

你每天都要照照鏡子並同時對著鏡子中的你說：「我真的愛你！我對你的愛像風箏升空，越飛越高；我愛你的優點，也愛你的傷痕，愛你的缺陷，愛你的一切。」

學會愛自己

回想一下你在高中畢業之後又經過十到十五年與同學們再次相聚的情景，你發現你過去的同班同學都發生變化了嗎？或者觀察一下你自己的雙親，你曾把他們現在生活的情景與你童年時候所記憶的情景做過比較嗎？或是你再想想自己，今天的你是否比五年前的你變得更受歡迎，更有耐心，更願意傾聽同事的意見，更富有冒險精神，方向和目標更加明確了呢？你又發展了哪些新的興趣？你是否變成了一個更好的父親（或母親）？或者改善了與人交流的技巧，建立了更廣泛的友誼？對所有這些個性特點的討論，你是否感興趣？

如果你已經改變了，那僅僅說明你改變了你原來特有的思考方式；如果你沒有改變，那也只不過意味著你不曾改變你特有的思考方法，這是你的權利和自由。我們每個人都有選擇的權利和自由。如果你期望能過上更如意更充實的生活，無論何時起步，都不算晚。

第二章 培養健康的心態

我希望你一開始就首先弄清楚兩點：一、你現在是一個什麼樣的人；二、你想成為一個什麼樣的人。還要建立一個信念：毫不遲疑地深愛你自己。你每天都要照照鏡子並同時對著鏡子中的你說：「我真的愛你。我對你的愛像風箏升空，越飛越高；我愛你的優點，也愛你的傷痕，愛你的缺陷，愛你的一切。」

潛意識的神奇力量

在潛意識深處，有著無限的智慧、力量，以及你所需要的各式各樣供應品，這些都等著你去培養、發揮。從現在開始，去認識你更深一層內心中的這些潛力，它們就會展現到外在的世界。

讓潛意識的力量把人從身心俱疲的狀況中解救出來，再度恢復健康、完整，再度充滿了活力，再度強壯起來，去獲得幸福、健康，並快樂地表現自己。在你潛意識中也有這種奇蹟般的治療力量，可以治好你深受折磨的心靈和破碎的心。它可以打開你的心靈之門，讓你自由，它也可以幫你擺脫物質和身體上的束縛。

你可以很有技巧地運用潛意識的力量，而且絕對會有一定的結果。而其結果達到的程度如何，則和你對它的原則所知有多少，以及你對它的原則應用了有多少成正比。

就拿元素的化合作用來作例子。如果你把氫和氧按照兩個氫原子、一個氧原子的比例混合，結果一定會得到水。但你也知道，一個氧原子和一個碳原子，會產生一種有毒的氣體——一氧化碳。但是，如果你再加一個氧原子進去，就會得到一種無毒的氣體——二氧化碳。

你別認為化學、物理以及數學的原則，和你潛意識的原則有什麼不同。

你的潛意識是原理，並且依照信仰的定律發揮作用。你必須知道信仰是什麼，它為什麼會發揮作用，以及它如何發揮作用。

你的所有經歷、事件、狀況和行動，都是你潛意識想法的反應。你不要再相信人類不正確的信仰、意見、迷信和畏懼。你要開始去相信，這生命永遠都不會改變的永恆事實和真理。然後你就會向上提升，逐漸達到人性的完善境地。

你的意念便是你的結論

不論你心中有什麼問題，若你意識到所認定的大前提是正確的，就決定了你潛意識所得到的結論。如果大前提是正確的，結論也必定正確。要獲得正確的結論，就必須要有正確的前提。

美國的一位大學教授，在紐約聽了著名心理學家墨菲講

了幾堂心智學的課之後，對墨菲說：「我一生中的每一件事情，都亂七八糟的。我失去了健康、財富和朋友。每件事情一碰到我，就會出毛病。」

墨菲告訴他，在他的想法中，應該先建立一個大前提，那就是他的潛意識。潛意識的無限智慧會引領、指導他，使他在精神、心智和物質各方面，都朝著好的方向走。然後他的潛意識就會自動地在他的投資、決心各方面給他睿智的指導，並且治好他的身體，恢復他心靈的和平與寧靜。

這位教授勾畫出了他生活的全景。下面就是他的大前提：

「無限的智慧在各方面引領、指導我，我會有完美的健康；調和的定律在我的心靈和身體方面發揮作用，我會有愛、美、和平和富足；正確的行動原則和神聖的旨意，將控制著我的整個生活。我知道我的大前提是置於生命的永恆真理之上，而我更知道、感覺並且相信我的潛意識，會根據我意識的想法的性質而產生反應。」

他寫信告訴墨菲：「一天有好幾次，我會帶著愛心緩慢而靜靜地重複著前面的幾句話，知道這句話會深入到我潛意識中，而結果必定會跟著出現。我非常感激你跟我的談話，我的生活各方面都向好的方面改變。這種辦法真有效。」

你的潛意識極為睿智，它知道一切問題的答案。它不會

和你爭辯，也不會反駁你。它不會說：「你不可以把那些東西印在我身上。」例如，你說：「我不能做這件事。」「我現在太老了。」「我不履行這項義務。」「我生錯了地方。」「我不認識政壇人物。」那麼你就是在把這些消極、否定的想法，灌輸到你的潛意識中，而你的潛意識就會根據這些想法產生反應。實際上，你這樣做是在阻擋自己走向好的方向，並因此使生活遭受匱乏、限制和挫折。

當你在潛意識中設立障礙、阻攔的時候，你也就等於是在排斥與拒絕那存在於你潛意識中的睿智。實際上，你就是在說，你的潛意識不能解決你的問題。這就會引起心智和情緒淤塞不通，接著就會傾向於生病和罹患精神病的情況。

要實現你的欲望，克服你的挫折，每天必須大膽而肯定地說：「賦予我這種欲望的無限智慧，領導、引導，並彰顯給我十全十美的計畫，以實現我的欲望。我知道我潛意識中的睿智正在產生反應，而且我內在所感覺到和所要的，就會表現在外面。我會有平衡、均衡和鎮定。」

如果你說：「沒有脫離困境的途徑，我已經失敗了，已經完全被困住了。」那你就不可能從你的潛意識那裡得到答案和反應。如果你要潛意識為你發揮作用，那就向它提出正確的要求，並且獲得它的合作。它一直在為你工作，它現在就會為你控制你心臟的跳動，以及你的呼吸。它治好你手指頭

第二章　培養健康的心態

上的割傷。它的本性是走向生活，永遠努力於照顧你和保護你。你的潛意識有它自己的心智，但是它會接受你的想法和想像的模式。

當你在尋求一個問題的答案時，你的潛意識就會有所反應，但是它期望你在潛意識之中下達決心和真正的判斷。你必須要覺悟到，答案就在你的潛意識心智之中。不過，如果你說：「我想我是沒有脫離困境的途徑了。我感到一片混亂，完全迷失。我為什麼要去尋找答案呢？」那麼你就瓦解了你的信念，就像士兵原地踏步一樣，你還能有可能走到什麼地方呢？

你的心智仍然掌握一切。放鬆，讓它發揮作用，靜靜而肯定地說：「我的潛意識知道答案。它正在為我產生反應。我非常感激，因為我知道我潛意識的無限智慧懂得一切事情，並且現在就為我展示出十全十美的答案來。我真正的信念現在正在釋放出我潛意識的光輝和權威，我為這種情形而感到欣喜。」

你必須做出明確的決定

生命，它正透過你的要求來跟你交談，並且，以實現夢想的方式來顯示給你。

請將錯誤的觀念和資訊從你的心中完全排除，然後你要

了解到「若你的心能協調的話，那麼所有的東西都能夠得到協調。」這就是說，不管你所求的東西為何，都早已存在於你無限的心中，包括你所要做的事，你不僅要了解你的要求、思考、計畫、目的等和你的手、心臟一樣實在，而且要把它們和你的精神、感情聯結起來。

發明家心中的發明品，是和客觀的對應物同樣實在的東西。就主觀（精神上）而言，你的要求或新的計畫是真實存在的東西，你對人生的計畫就是你的發明。

在你自己的潛意識中你是真正的主人，你必須做出明確的決定。

首先，你必須決定你所想要知道的事，然後你必須完全相信能夠提供給你答案的潛意識。當你將你的要求傳送給潛意識時，「潛意識」知道實行的「方法」，它會根據你的要求而適當地反應，而你必須對這個事實絕對確信。

當你希望得到牛肉的時候，所得到的並不是麵包，而是和你所要求的一樣得到牛肉。當你從具有敏感性質的潛意識獲得反應時，請不斷地追求、尋找和請教。只要你能夠完全集中意志來思考，那麼所有的問題都可以得到解決。請了解在一切的困境中都有解脫的方法，而且絕對沒有難以挽救的事情存在。

我們最大的敵人就是自己「家」裡的人。所謂「家」，

第二章　培養健康的心態

指的是你的心理狀態。為了戰勝你的敵人（否定性的思考），你必須想像、感覺你所期望的東西已成為事實，這樣才會真正成為你的東西。

讓成功的思想和內心一致，信賴自然的反應以及你習慣性思考的內在力量，就會帶給你成功。

自責、自我批判是最具破壞力的情感。它們會將精神性的毒素注入我們的體內，它會奪走我們的活力、精力和平靜，使我們體內所有的器官都變得衰弱起來。

更多的時候，人們僅僅從表面意識學習和改變，但是 —— 當意識和潛意識陷入交戰時，潛意識總是會勝利。

這是因為我們的心智就像是一部電腦，而這部電腦定期地接受輸入，然後輸出同樣的資料；除非重新輸入新資料或程式被改寫。人的潛意識就類似這種情況。

當你試著改變習慣或思想模式，而只是重新輸入資料，但潛意識裡的「程式」絲毫未加更改的話，由於原始程式仍舊存在，所以表現出來的，還是以前的舊行為模式。其實，人們的天分和才能都差不多 —— 只不過有些人會向環境低頭，而另外的一些人則會積極地尋求解決之道。而這解決之道即是規劃你的潛意識。

釋放被隱藏的才能

步驟七　超越你的自卑

一個人不論目前的身價如何，工作現況如何，只要有心改變，都能將其本身獨具的「特殊才能」發揮出來。

有位人壽保險公司的業務員，過著極為平凡普通的生活。

他一直努力工作，每個月訪問一百位客人，而每個月裡也總有一兩次的機會能接觸到大人物——大多是公司總經理級人物。雖然他每次在拜訪這些大人物前，多少仍有些緊張，然而當他和這些大人物會面時，卻往往比那些微不足道的小客戶更容易溝通，進展順利。更驚奇的是，每次訪問這些大人物之後，締結合約率總是遠比那些小客戶的高得多。

追究其原因，原來每當他和大人物見面交談時，他神經緊張的毛病立刻消失，而且問題會盡量投其所好，尋找對方有興趣的話題，大人物們最討厭那種阿諛奉承的人，而這位業務員絕對避免如此，因此談話始終輕鬆愉快。儘管他有能力說服這些大人物購買他的保險，但由於他並不常拜訪這種大人物級的客戶，所以一年內，也只不過有兩三筆大生意而已。

實際上，在這裡我們已經可以明顯地看到他的「才能」都被隱藏起來了。雖然「就在這裡」的訊號閃爍個不停，但是他從不曾注意到，更不用說加以活用這項才能了。因此，縱使他具有富如金礦的才能，如果老是呆坐在原位的話，也

只是空有財富罷了。

　　日子就這樣一天天過去了，數年之後，他的上司換了。新上任的業務經理，知道他具有開發大客戶市場的能力，但是更想了解為什麼他不善加利用這項潛在的能力呢？

　　經過一番會談後，他告訴業務經理：「我每次想要拜訪大人物時，精神總是非常緊張，所以我並不是真的很想去拜訪他們。」業務經理聽完他的話後分析，如果他覺得自己具有一種和大人物交談會產生折衝作用的能力時，神經緊張馬上就會消失無蹤。業務經理就對他說，所謂自信其實就是自覺有能力去完成該完成的事。

　　又過了數年，這個業務員已成為保險界數一數二的業務高手了。

　　當然，他也開始向後起之秀傳授有關這方面的親身經驗。其內容多半是他長期無法出人頭地的原因 —— 太晚發覺自己所具有的潛能。然而一旦頓悟並加以活用後，他就開始無往不勝地拓展出漂亮的業績。

　　當他開始活用其才能 —— 和大人物談話時的大將之風及強而有力的推銷術時，他的身價與收入便急速上升。業務經

理的預言一點兒也沒錯，當他懂得運用他這種具有折衝作用的說服力時，同時也能帶給自己無比的信心。現在的他說出了下面的狂語：「我只要能夠和對方見面談話，任何一個大人物都會接受我的保險合約。」

不論是何種才能，一旦你開始運用，就會如同啟動開關按鈕般，立刻在你心底湧起某方面的自信，為什麼呢？我們在前面已有詳述，所謂的自信，大部分都是在自覺擁有某種特殊才能後產生的。

為煩惱的人打氣鼓勵是一種特殊本領，能夠記憶數字更是一種特殊才能。

所以從現在起，不要丟棄那些曾經以為無聊的小長處，不妨試著思索出如何運用這些長處來提升自己的身價。怎樣創造對自己人生有利的方法與途徑呢？

➤ 任何人都有某種特殊才能，有某種特別關心的事物，運用這些，將對自己的人生大有助益。

➤ 重新評估自己的某些「長處」。

➤「鬼主意或小才能不重要」的觀念，是大錯特錯的。

➤ 不要鑽牛角尖，應去探尋才能是從哪裡來的。

➤ 剛開始利用這些才能時，可能需要鼓起相當的勇氣，一旦突破了之後，就易如反掌了。

第二章 培養健康的心態

你不妨好好審視自己一番，你所具有的任何才能，都是預示著你身價即將大漲的前兆，所以你必須慎重仔細地考慮如何運用，這些都是使你擁有自信以及邁向成功的契機。

你有贏家的態度嗎？

你一生的成功或失敗與你的境遇無關，但與你態度有關。

著名的心理勵志學家皮爾博士以他的書、論文鼓舞了很多人。他說他最常聽到的抱怨是：「皮爾先生，我想開始一個生意，或做一些有益於人類的事，但我沒錢起家。」皮爾博士的回答是：「空空的口袋並不能阻止你做什麼事……，只有空空的腦袋和心才會。」

失敗者責怪他們的環境，贏家則能突破環境；失敗者只看到限制他們的那道牆，贏家卻能找到一條出路，跳過它、繞過它或鑽過去。

你有贏家的態度嗎？請回答下列問卷：

① 一直是；② 有時是；③ 很少是。從中你只能選擇一個答案。

1. 我在做每項工作前都充分準備。
2. 我以肯定的態度來看我的環境。
3. 我視困難為機會。

4. 我對他人的觀點能容忍，有彈性。

5. 我很有決斷力。我很快做決定，行動有決心。

6. 我以警覺和創意來做每項任務（不論它是多麼刻板）。

7. 我的行動證明我對我自己和其他人有信心。

8. 我有最壞的打算，但期望和希望最好的。

9. 我的態度是熱心的，我也用我的熱心來感染其他人。

10. 我以最大的努力來完成每件工作。

11. 我以勇氣來克服各種恐懼。

12. 我知道我的成功是由於他人的協助。

13. 我以誠實、正直和真誠的態度處世待人。

14. 我真誠地對待那些信賴我的人。

15. 我把別人交付給我的工作做得盡善盡美，也以我所完成的每件任務為榮。

16. 我比別人盼望的還表現得好。

17. 我從我的錯誤和失敗中學到教訓，卻不讓失敗的錯誤來打擊我，使我失去勇氣。

18. 我以正常的休息、適度的飲食和不間斷的運動來維持我的身體狀況和精力的最好水準。

19. 我避免因擔心、小氣和個人的怨恨而導致感情疲勞。

20. 我以我的潛能來評估我的表現，而非跟別人的成就比較。

21. 我樂於接受責任。

22. 我歡迎新的意見、挑戰和機遇。

23. 我知道不管替誰工作，我是自己的主人，我要求自己盡力而為。

24. 我集中精神於目標上而非活動上。我不浪費時間在「忙碌工作」。

25. 我是團隊的一員，我盡力而為，不管成功後是誰獲得利益。

每道題答案 ① 「一直是」的得 4 分；② 「有時是」的得 2 分；③ 「很少是」的得 0 分。

90 ～ 100 分：你已走上成功之路。

80 ～ 90 分：你已經有些致勝方法，但你絕對需要再讀下去。

79 ～ 80 分：你的態度是「一般的」，如果你要成為贏家，要仔細研究下面的內容。

78 分以下，把本章剩下的部分讀完，你會獲益無窮。

解除心靈抑制的幾個方法

➤ 不要事先疑慮你「將要說」什麼話，只要張開嘴巴說出話來就行了，說的時候再臨時思考。

➤ 不要計劃（不要想明天），行動前不要思考。付諸行動 —— 一面行動一面改正。這個忠告或許太偏激，但事

實上這是必要條件。自由的心靈不事先「想出」它所有的錯誤，它必須先行動 —— 朝目標開始前進 —— 然後再改正會發生的錯誤。我們不能先想後做，從出生的時候起，我們就陷在行動之中，而只能借思考加以適當地指引。

➤ 不要過分批評自己。壓抑的人，沉浸在自我批評與分析中，不管做了多麼簡單的行動，事後他仍會對自己說：「我懷疑我是否應該那麼做？」當鼓足了勇氣要說話的時候，他又馬上對自己說：「也許我不應該那樣說，也許別人會從不利的方面來分析那句話。」不要這樣分裂自己，有效用的回饋是潛意識的、自動自發的。刻意的自我批評、自我分析與反省是有用的，但是每年一次就夠了。時時刻刻地有後知之明或空想過去的行為是沒有用的。所以，注意你的自我批評，現在馬上戒掉過分的自省。

➤ 養成講話比平常大聲的習慣。眾所皆知，壓抑的人講話都是輕聲細語的，所以盡量提高你的音量。你不必對人大聲叫喊或用生氣的音調，只要有意地練習講話比平常大聲即可。大聲的談話本身就是消除壓抑的有力方法。最近的實驗顯示，舉重的時候如果大聲喊叫，你就可以多釋放出 15% 的力量，舉起更多的重量，這項實驗的解釋是說大聲叫喊可消除壓抑，使你釋放出全部的力量，

包括受阻礙的與受壓抑的。

➤ 對你喜歡的人，就讓他們知道。壓抑的人害怕表達好的與壞的情感。如果表示愛意，他怕被人當做多情；如果表示友善，他又怕被當做獻媚討好；如果稱讚別人，又怕被人譏笑為膚淺，或被懷疑有不明的動機。所以完全不用去理睬這些否定的訊號，每天稱讚三個人。如果你喜歡別人做的事情、穿戴的衣飾或說的話，就讓他知道，直接地說：「我喜歡那個」、「你的帽子很漂亮」、「我覺得你做得很好」。

清除你知覺中的資訊垃圾

由於錯誤知覺的作用，可能在你的記憶檔案中已經堆積了不少資訊垃圾。由於這些資訊垃圾沒有被及時清理出去，它們就會在初始狀態下進行再生循環。

讓我們再舉一個選擇性知覺的例子。選擇性知覺允許把一定的資訊輸入你的意識中並加以記錄，與此同時，也可以使某些資訊被忽略。

專家們的研究顯示，人們每天要看上百次手錶。假設你去年才開始戴手錶，那麼你已經看過三萬五千六百次了，而且一般來說你看的錶盤都是小於一英寸的。

有一個小測驗可以證明選擇性知覺是如何工作的。假設

你的手錶是指針式的，而且每個小時是用數字標示的，在你
思考回答下列問題時，請不要看你的手錶：

1. 你的手錶是用羅馬數字、斜線或是圓點來有規律地標示
   每個小時的嗎？

2. 十二個數字是用同一形式標示，還是3、6、9和12點與
   其他數字略有區別？

3. 錶盤是什麼顏色的？

　　請想一下，先回答上述問題，然後再仔細看看你的手
錶，檢查一下有幾個問題回答得正確。

　　大多數人都不可能將上述三個問題全部答對。因為你平
時僅僅集中注意力在少量的資訊，而忽略了90%的你可以得
到的資訊，這難道不令人吃驚嗎？

　　讓我們來看看這兩個術語：「意識」和「潛意識」，它
和大腦的兩個半球密切相關。95%的人的大腦左半球是意識
區，右半球是潛意識區。迄今為止，左腦半球一直被稱作是
支配區，然而實際上它只對一定的任務起支配作用。

　　大腦的左半球一般說來是邏輯、分析區域，即控制語言
技能，如閱讀和書寫，以及對名稱、資料以及各種事實的記
憶等。它以理性和邏輯方法處理各項資訊資料，對詞彙和概
念加以解釋，並對資料進行系統處理。它履行分析計算、識

第二章　培養健康的心態

別時間、控制右半身運動的職責。

　　大腦的右半球，一般說來是形象思考和藝術思考區。夢境、想像和幻想一般來源於這個區域。它控制大腦從整體上全面性地掌握各項問題的處理過程。對圖像概念的領悟、對空間關係的判斷、對藝術和音樂的理解以及對於需要富於想像力的創作程序控制等，通常都由它管轄，同時負責對左半身的運動機能的控制。

　　人們在社會生活中，獲取知識和掌握本領是非常重要的。這就使得大腦左半球占優勢的思考功能 —— 意識，備受人們的重視。學生們能夠進行準確的加減運算，能夠記憶人們的稱呼，能夠運用邏輯關係很好地思考和調動記憶，從而迅速獲得大量的知識等等，都是有意識的思考。一個學生若在教室裡做白日夢或幻想，就會被認為是無益的思考表現，會被認為是不聰明的，通常情況下就會得到低的分數。大多數青少年在學習成長過程中都把保留和加強記憶的技巧看得比了解藝術和創造力更有價值，這是不足為怪的。

了解自卑

　　為何一個看起來正常、健康、聰明的人會背著自卑感的沉重負擔呢？為了尋找答案，讓我們來看看心理學家的

說法。

　　曾有一本心理學書籍寫到，一般所謂的自卑感多半來自於孩提時代——約六歲以前，而根本原因則多半源於父母對小孩的態度。

　　譬如：父母原本想生女孩，結果你卻是個男孩，使他們非常失望；又如，如果你長得不像其他兄弟姊妹那般討人喜愛，那麼你可能就得不到父母的寵愛，且常成為家人責備、嘲弄的對象。相反地，太受寵愛也不好，因為過分溺愛會嚴重影響到你的獨立判斷能力。這些都是造成自卑的主要原因。

　　除了來自家庭的影響之外，在學校裡，老師及同學們的態度對一個人的心理健康影響也很大。例如：當你因為家境貧窮、衣服破舊，或父母只受過小學教育而經常遭到同學們冷嘲熱諷，在你變得憤世嫉俗的同時，自卑感也在你身上逐漸擴大。

超越自卑

　　喪失自信通常可以分為兩種情形：一種是前面所說的暫時性喪失信心，一種則來自從小養成根深蒂固的自卑感。這種自卑感若不加以克服，則容易在不知不覺中使你的人生蒙上一層陰影。自卑感並非無法克服，就怕你不去克服。反觀這世界上的許多成功者都是克服了自己的自卑而走向成功

第二章　培養健康的心態

的。他們能，你也能。

我們給「自卑感」下的定義是 —— 一種阻礙自己成功的心理障礙。雖然自卑感是無形的敵人，但你必須設法戰勝它，否則它所造成的危害及喪失信心、自我意識過強、不安、恐懼等種種併發症，都會為你帶來不必要的困擾。

優越感與自卑感情結

有許多人害怕去喜歡自己，他們不願意太愛自己。我們都熟悉那些高傲自大、目空一切的人，他們給人誰都不如他的印象。很少有人會願意與誇誇其談、自以為是的人交流或共事。在現實生活中，那些擁有優越感的人，專橫跋扈、盛氣凌人；而那些具有自卑感的人，則處處謹小慎微、畏縮不前。這兩種人成為兩個極端，但卻有相同的苦惱、相同的淺薄自尊心。兩者都有自我意象上的情結。

那些有積極的自我意象的人們，他們喜歡和相信他們自己，總能表現出他們具有適度的自尊，在與他人交流的過程中，產生積極且有建設性的相互作用。他們毫不掩飾他們對生活的樂觀情緒。與此相反的，那些具有淺薄的自尊心的人，在優越感或自卑感的驅使下，總是想辦法補償他們的不足。其實，每個人，不管他是貧民、是囚犯，還是專業人士，都可以從提高自尊的程度獲得利益。

　　自尊和自愛也關係到人際關係。一個人與他人的關係直接受自我感覺的影響。一個人對他人的喜歡和愛，不可能勝過對自己的喜歡和愛，這是十分合乎邏輯的，因為一個人不可能給予別人自己所沒有的東西。

　　同樣，你也不可能要求別人對你的喜歡和愛超過人家對自己的愛。換句話說，如果別人對你做出的評價高於你對自己所做的評價，你也不可能接受，這同樣是合乎邏輯的。因為一般來說，你對自己的評價總是高於別人對你的評價的。

　　所以，一個人自尊心的尺度，喜歡自己的程度要能夠被別人接受，別人才會與你建立良好的關係。

情感的疤痕使你疏遠生活

　　很多人身體雖未受任何損傷，但內心卻留著情感的疤痕，這種情形也會對一個人的發展有所影響。這些人在以前曾經受過某人的傷害，為了防範再度受到同樣的傷害，而形成一種精神的「厚繭」，一種保護自我的情感疤痕。但是這種疤痕組織，不僅「保護」他們不受某人的侵害，而且還「保護」他們防範其他人，它築起的情感高牆，不僅阻止了敵人，也使他們的朋友無法通過。

　　一個女人受過男人的「傷害」後，她發誓永遠不再信任任何男人。一個小孩如果受到專橫的父親、母親或老師的打擊後，他也許會發誓以後不再相信任何權威。一個男人的

愛，受到某個女人的拒絕後，他也許會發誓不再與任何人發生感情瓜葛。

　　就情感的疤痕來說，過分防範原來的傷害，可能會使一個人在其他方面更容易受到傷害，而且傷得更深。

　　我們築起的那道防止他人通過的情感高牆，使我們斷絕了其他人，甚至斷絕了「原來的自我」。正如我們曾經說過的，感到「孤獨」或與別人不相往來的人，也會覺得與「真正的自我」斷絕了往來，與自己的生活斷絕了關係。

▌步驟八　尋找快樂是你終身的事業

　　當你離開塵囂，當你回歸自我，當你給自己一點時間去沉思，你終會悟出：尋找真正的快樂才是你終身的事業。

擁有一顆仁慈的內心

　　成功者總是對他人懷有興趣與關懷，他們體諒別人的困難，尊重別人的需求。他們維護人性的尊嚴，和別人相處時把別人也當人看待，而不把他人當做打獵的犧牲品。他們善待每個人，因為每個人都有值得尊重與敬仰的獨特個性。

　　我們對自己的感情與對別人的感情常常是相吻合的，這是心理學的事實。一個人對別人仁慈，他們一定也對自己仁慈。認為「人不太重要」的人，一定沒有深厚的自重與自我

關懷，因為他自己也是一個「人」。用什麼尺度衡量他人，也會不知不覺地用同樣的尺度衡量自己。克服罪惡感最有效的方法，就是不要在心中譴責他人——不要衡量他人，不要因為犯錯而責備他人、憎恨他人。你覺得別人更有價值的時候，你就可以培養一個更好、更合適的自我意象。對他人仁慈是成功個性的另一個因素，是因為人必須懂得自我尊重。

成功的人士懂得自我尊重

生活裡的陷阱與深淵，最糟糕的首推「不尊重自己」，這點又最難克服。因為它是由我們自己創造出來的，而自己卻又會總結一句：「沒辦法，我做不到。」

我們只需要想一想，就知道看低自己並不是美德，而是一種罪惡。舉例來說，嫉妒是大多數婚姻破裂的禍源，它常常起源於自我懷疑。有適當自尊的人不會對他人懷著敵意，他不需要證明任何東西，他可以很透澈地看清事實，他不需要在他人面前提出聲明。

不要在心裡懷著一幅挫敗、無用者的心理圖像，不要再將自己想像為可憐、受到不平待遇的形象。要利用本書的練習，培養合適的自我形象。

「尊重」這個詞的字面意思是對價值的欣賞。為什麼人們讚美星辰、月亮、遼闊的海洋、美麗的花朵、落日餘暉，

第二章　培養健康的心態

但卻貶低自己呢？人類不也是造物主所創造的嗎？人類不是萬物裡面最奇特的嗎？欣賞自己的人並不是自我中心主義者，除非你認為你是自己創造的而且自以為榮。不要因為你不會正確使用某一件物品而貶低它；也不要因為你自己的錯而責怪自己。

自我尊敬最大的祕訣是：「開始多多欣賞別人，對每個人要表示尊敬，因為我們都是造物主的傑作。與人相處時停下來想一想，你正與造物主所造的一個獨特分子相處。待人要認為對方有某些價值，這樣做你才會培養出你的自尊。真正的自尊並不等於你完成的大事、你擁有的財富、你得到的聲譽。自尊是一種對自己的欣賞。了解了這一點後，你一定會做出結論，認為所有的人都應該以同樣的理由被欣賞。

不要害怕孤獨

不要以為只有處在困難無助的情況中才能引起別人的關切，不要以為不觸發別人的同情憐憫，別人根本不會理你。

這種想法也不是全然荒謬無稽的。許多人發現，他們的父母只有在他們生病或陷入困境時才表示同情，而當他們堅強自立時，父母卻躲得遠遠的。這很令人難過，但總比你成功了父母表示讚賞，你有困苦時他們卻不理你好得多。然而，別人怎麼待你遠不及你怎麼對待自己重要，對你自尊心

的影響也就沒那麼大。依照自證預言的原理，假如你相信只有在你軟弱時別人才注意你，那麼，就會對成就感到恐懼，因而妨礙自己。

成功之後的確會有一些寂寞感，假如你因此掩飾自己的能力，盼望別人施與同情，你現在的處境必然比你追求到成就之後還更孤獨。結交那些認為你行的人，那些不藉由你的無能顯示出他們比你行的人。你變得自信之後，會有某些人疏遠你，可是被你吸引的人將會更多。你交際的圈子會發生質變，相處的人都是為友誼而來，不是為了相互求得保護。

不要害怕終將失敗

害怕終將遭到失敗可以說是害怕成功過了頭，超出自己的能力範圍。怕爬高是因為怕在上面待不長，怕跌得太重，怕失敗得太慘丟人現眼。不妨一次定一個較短程、較小的目標，先別把所有的小目標匯聚成極終的大目標。記住，覺得該停下來時就停歇。事實上，只要你自認有點能力，就用這點能力去做成一件事。一件事做成功了，信心自然會加強，而越有自信則能操的勝算也就越大。就在你一面做事一面成功的時候，怕爬高的恐懼就消失了。把這種懼怕心理視為兒時的幻覺，在每個小男孩眼中的父親都是巨人，等他長到和父親一樣高時，就會明白高個子是理所當然的了。

第二章　培養健康的心態

永遠保持樂觀的希望

　　盡量抓住任何一絲樂觀的希望吧！也許事情不會都那麼令人絕望的。不管你相不相信，樂觀絕對不是天真和不切實際的表現，也許它遠比你自導自演的悲劇更接近事實。

　　我們都習慣預測事情會變壞，而不習慣預測事情會變好，但我們必須抗拒這種傾向。試試看，不要作任何悲觀和妄想的預測，不要認為這種判斷是對的，更重要的是不要把這種想法付諸行動。你不需要先叫自己相信，反正別這樣做就對了，以後自然就會了解它的意義。

　　如果剛開始的時候，你還是覺得自己常常胡思亂想的話，請不必擔心 —— 只要你別把這種感覺付諸行動就好了。即使你發現自己有輕微的胡思亂想，也不用擔心，你照樣可以克服它 —— 只要你認清它，而且不把這種想法繼續下去。

　　你也可以向朋友吐露你心中不合理的恐懼，比方說：「我有點害怕自己會失去目前的工作。老闆沒有說我什麼不好，兩個月以前還給我加薪了，可是我還是一直擔心。」這和說服朋友相信你快被解僱不一樣，如果是說服的話，你就是企圖讓大家都知道你的恐懼非常合理，從而增強了你的妄想。可是如果只是偶爾承認自己有一些不著邊際的恐懼（誰沒有呢？），反而可以讓你從這個誤解裡解脫，不再認為非得馬上採取防衛行動不可，否則天就要塌下來了。

擬定可行的方向，然後放手去做。如果我們一直要到完全確定之後才開始行動，一定成不了大事。每種行動都可能會有錯誤、失敗，走錯一步永遠勝於「原地不動」。你一向前走就可以矯正你的方向；若你拋了錨「站著不動」，成功是不會牽著你走的。

培養積極的心態

積極心態是成功理論中最重要的一項原則，你可以將此一原則運用到你所做的任何工作上。如果你不了解如何應用積極心態，就無法從自己的成就中得到最大效益。

兩個信封的選擇

每個人出生的第一天，就面臨了兩個信封的選擇。其中一個信封上寫著「報酬」二字；而另一個信封上則寫著「懲罰」二字。第一個信封裝著你從自己的思想上能獲得的所有好處，第二個信封則裝著如果你不好好控制你的思想，並引導它為你的目標運作時所得到的回應。

將上一段多念幾遍，它所傳達的資訊是非常重要的。

本段將打開這兩個信封，並將裡面的東西倒出來，你會發現這兩個信封起初是存在的，而且他們所裝的報酬和懲罰也是真實的。

自然界厭惡兩件事：真空和遊手好閒。如果你不運用肌

第二章　培養健康的心態

肉，肌肉就會退化，而且最後變成不堪使用。同樣的，如果你不運用你的思想，你的思想一樣會退化，並且最後變成不堪使用，除非你能將你的思想注入你的強烈目標欲望，並依照達成目標的計畫運用思考和行動，否則你的思想和生命，將會屈服在過去經驗的陰影下無法自拔，而且也無法積極地做什麼事情。

你也許聽過這樣的諺語：「成功吸引更多成功，而失敗帶來更多失敗。」這句話真是一語中的，為成功而努力會使你更有能力邁向成功。如果你什麼也不做，坐等失敗的話，只會使你遭受更多的失敗而已。

如果你以積極心態發揮你的思考，並且相信成功是你的權利的話，你就會成就所有制定的明確目標。但是如果你接受了消極心態，並且滿腦子想的都是恐懼和挫折的話，那麼你所得到的也都只是恐懼和失敗而已。

這就是心態的力量，那麼為什麼不選擇積極心態呢？

積極心態的回報

如果你掌握你的思想，並引導它執行你的明確目標的話，你就能享受：

（1）只會為你帶來成功環境的成功意識；

（2）生理和心理的健康；

（3）獨立的經濟；

（4）自己喜歡而且能表達自我的工作；

（5）內心的平靜；

（6）驅除恐懼的實用信心；

（7）長久的友誼；

（8）長壽而且各方面都能取得平衡的生活；

（9）免於自我設限；

（10）了解自己和他人的智慧。

消極心態的懲罰

如果你所保持的是消極心態，而且引導它執行你的目標時，你將會嘗到苦果：

1. 生命中的貧窮和淒慘；

2. 生理和心理疾病；

3. 使你變得平庸；

4. 恐懼和所有具有破壞性的結果；

5. 否決你幫助自己的想法；

6. 敵人多、朋友少的處境；

7. 人類所知的各種煩惱；

8. 成為所有負面影響的犧牲品；

9. 屈服在他人意志之下；

10.對人類沒有貢獻的頹廢生活。

　　你會選哪一枚信封呢？如果你不選擇第一個信封，並且緊緊地抓住它的話，那麼第二個信封就會被迫自動送上門來，二者之間沒有任何折衷和妥協。那麼你要選擇哪一個呢？

如何培養積極心態

　　你必須培養積極心態，沒有了積極心態就無法成就什麼大事。

　　記住，你的心態是你 —— 唯一能完全掌握的東西，練習控制你的心態，並且利用積極心態來引導它。

　　切斷和你過去失敗之經驗的所有關係，消除你腦海中和積極心態背道而馳的所有不良因素。

　　找出你一生中最希望得到的東西，並立即著手去得到它，藉著幫助他人得到同樣好處的方法，去追尋你的目標，如此一來，你便可將多付出一點點的原則，應用到實際行動之中。

　　確定你需要的資源之後，便制定能得到這些資源的計畫，然而所制定的計畫一定不要太過度，也不要太不足，別認為自己要求得太少，記住：貪婪是使野心家失敗的最主要

因素。

　　培養每天說或做一些使他人感到舒服的話或事，你可以利用電話、明信片，或一些簡單的善意動作達到此目的。例如給他人一本勵志的書，或是為他帶來一些可使他的生命充滿奇蹟的東西。日行一善，可永遠保持無憂無慮的心情。

　　使你自己了解打倒你的不是挫折，而是你面對挫折時所抱的心態，訓練自己在每一次的不如意中都能發現和挫折等值的積極面。

　　務必使自己養成精益求精的習慣，並以你的愛心和熱情發揮你的這項習慣，如果能使這種習慣變成一種嗜好那是最好不過的了。如果不能的話，至少你應該記住：懶散的心態，很快就會變成消極的心態。

　　當你找不到解決問題的答案時，不妨幫助他人解決他的問題，並從中找尋你所需要的答案。在你幫助他人解決問題的同時，你也正在洞察解決自己問題的方法。

　　每週閱讀一次《愛默生隨筆》，直到你能領悟其中的道理為止。

　　徹底地「盤點」一次你的財產，你會發現你所擁有的最有價值的財產就是健全的思想，有了它你就可以自己決定自己的命運。

　　和你曾經以不合理態度冒犯過的人聯絡，並向他致上最

第二章　培養健康的心態

誠摯的歉意，這項任務越困難，你就越能在完成道歉時，擺脫掉內心的消極心態。

我們在這個世界上到底能占有多少空間，是和我們為他人利益所提供的服務的品質，以及提供服務時所產生出的心態成正比的關係。

改掉你的壞習慣，連續一個月每天改掉一項惡習，並在一週結束時反省一下成果。如果你需要幫助時，切勿讓你的自尊心阻礙你的求助。

要知道自憐是獨立精神的毀滅者，請相信你自己才是唯一可以隨時依靠的人。

把你一生當中所發生的所有事件都看做是為了激勵你上進而發生的，因為只要你能給時間潤飾你的煩惱的機會的話，即使是最悲傷的經驗，也會為你帶來最多的財產。

放棄想要控制別人的念頭，在這個念頭摧毀你之前先摧毀它，把你的精力轉而用來控制你自己。

把你的全部思想用來做你想做的事，而不要留半點思考的空間給那些胡思亂想的念頭。

藉著在每天的祈禱中，加入感謝你已擁有的生活來調整你的思想，以使它為你帶來你想要的東西和想待的環境。

向每天的生活索取合理的回報，而不要光等著回報跑到你的手中，你會因為得到許多你所希望的東西而感到驚

訝 —— 雖然你可能一直都沒有察覺到。

以適合你生理和心理的方式生活，別浪費時間以免落於他人之後。

除非有人願意以足夠證據，證明他的建議具有一定的可靠性，否則別接受任何人的建議，你將會因謹慎而被誤導，或被當成傻瓜。

務必了解人的力量並非全然來自於物質而已。甘地領導他的人民爭取自由所依靠的並非財富。

讓自己多多活動以保持自己的健康狀態，生理上的疾病很容易造成心理的失調，你的身體應該和你的思想一樣保持活動，以維持積極的行動。

增加自己的耐性，並以開闊的心胸包容所有事物，同時也應與不同種族和不同信仰的人多接觸，學習接受他人的本性，而不要一味地要求他人照著你的意思行事。

你應該承認，「愛」是你生理和心理疾病的最佳藥物，愛會改變並且調適你體內的化學元素，以使它們有助於你表現出積極心態，愛也會擴展你的包容力。接受愛的最好方法就是付出你自己的愛。

以相同或更多的價值回報給你好處的人，最後還會再給你帶來好處，而且可能會為你帶來所有你應得到的東西之能力。

記住，當你付出之後，必然會得到等價或更高價的東

第二章　培養健康的心態

西。抱著這種念頭，可使你驅除對年老的恐懼。一個最好的例子就是，年輕消逝，但換來的卻是智慧。

你要相信你可以為所有的問題找到適當的解決方法，但也要注意你所找到的解決方法，未必都是你想要的解決方法。

參考別人的例子，提醒自己任何不利的情況，都是可以克服的。雖然愛迪生只接受過三個月的正規教育，但他卻是最偉大的發明家。雖然海倫‧凱勒失去了視覺、聽覺和說話的能力，但她卻鼓舞了數百萬人。目標明確的力量必然勝過任何限制。

對於善意的批評應該採取接受的態度，而不應採取消極的反應，接受學習他人如何看待你的機會，利用這種機會做一番反省，並找出應該改善的地方，別害怕批評，你應勇敢地面對它。

和其他獻身於成功原則的人組成研討會，討論你們的進度，並從更寬廣的經驗中獲取好處，務必以積極面作為基礎進行討論。

分清楚願望、希望、欲望以及強烈欲望與達到目標之間的差別，其中只有強烈欲望會給你驅動力，而且只有積極的心態才能供給產生驅動力所需的燃料。

避免任何具有負面意義的說話形態，尤其應根除吹毛求疵、閒言閒語或中傷他人名譽的行為，這些行為會使你的思

想朝向消極面發展。

　　鍛鍊你的思想，使它能夠引導你的命運朝著你希望的方向發展，牢牢掌握住「報酬」信封裡的每一項利益，並將它們據為己有。

　　隨時隨地都應表現出真實的自己，沒有人會相信一個騙子的。

　　相信無窮智慧的存在，它會使你產生為掌握思想和奮鬥所需要的所有力量。

　　相信你所擁有的解放自己並使自己具備自決意識的能力，並藉著這種信心作為行事基礎將它應用到工作上，從現在就開始做吧！

　　信任和你共事的人，並承認如果和你共事的人不值得你信任時，就表示你選錯人了。

　　最後，連續六個月每週閱讀本章一次。六個月之後你將會脫胎換骨。當你學會本章所要求的良好習慣並且調適好你的思想之後，你的心態便會隨時處於積極狀態。

做一個 2% 的成功者

　　絕大多數的人都不了解願望和確信之間的差別，他們也從來沒有採用過可以幫助他們運用思想實現欲望的六個步驟。以下將概略地說明這六個步驟，並且加入成功人士以一

第二章　培養健康的心態

生的時光對那些採用這六步驟的人所做的觀察結果。

1. 大多數人的一生之間對目標抱著「願望而已」的想法。這些願望就像一陣風一樣，沒有辦法成就任何事情，抱著這種態度的人有 70%。

2. 有很少數的人將他們的願望轉變成欲望，他們一再地想得到所相信的東西，但欲望也是僅此而已，這樣的人占了 10%。

3. 把願望和欲望變成希望的人就更少了，但他們害怕想像有一天他們的美夢可能成真的情形，這種人占了 8%。

4. 極少數的人把希望轉變成確信，他們期待他們真的能得到所有想要的東西。這些人占了 6%。

5. 為數更少的人將他們的願望、欲望和希望轉變成確信之後，又再進一步將確信轉變成強烈的欲望，最後轉變成一種信心，這種人占了 4%。

6. 最後，只有非常少的人除了採取最後兩個步驟之外，還制定達成目標的計畫。他們以積極心態展現他們的信心。這種人只占了 2%。

最傑出的領袖必然是實踐第六步驟的人，這種人了解他們自己的思想力量；他們掌握了這一力量，並引導這股力量，為自己所制定的明確目標而運作。當你採取第六步驟

時，「不可能」這三個字對你將不再具有任何意義，每件事對你來說都是可能的，而你也將成功地實現它們。

最終的成功是幸福和成就感

若想獲得成功，你必須確認成功的含義。雖然對於什麼是成功，從事不同職業的人會有不同的理解，但大多數人都認為，在他們的一生中，最終的成功是幸福和成就感。

下面是大多數人對於幸福和成功的含義所理解的幾個共同點。

健康。人們需要高度的身心健康，以確保他們能有充沛的精力做他們想做的事，並取得滿意的結果。遺憾的是，大多數人在這方面存在著巨大的障礙。根據美國最近的調查報告顯示，在美國，58％的人不經常鍛鍊身體，31％的人經常抽菸，29％的人飲酒過量；還有20％的人體重超重，25％的人不吃早餐，22％的人睡眠不足。

財務自由。財務自由在這裡的含義是，依靠自己的錢財生活，而不是靠信用卡支付日常開銷。有些人支出超過收入，負債累累，無力償還，甚至完全破產。美國人的平均開支是他們儲蓄和收入的105％。你應該了解到，在你的財產負擔得起消費的境地中生活，才是快樂的生活，才是一種享受。

第二章　培養健康的心態

　　富蘭克林是美國著名的政治家、發明家和作家,他曾對個人的財務問題提出建議:「我們可以透過兩個途徑獲得幸福,一個是縮減我們的願望,另一個是增加我們的財產。無論怎麼做,結果都是相同的,到底走哪條路更容易一些,這要由每個人自己來決定。當然,如果你是個聰明的人,這兩條路都可以走。」

　　高尚的目標和理想。所有取得偉大成就的人,都是為了崇高的目標而奮鬥、為了高尚的理想而生活的人。與他們相反的是,許多人並沒有為自己的一生訂下明確的目標,另外一些人則缺乏理想,並且在與他人相處時不夠誠實。

　　人際關係。人們渴望擁有充滿溫情與友愛的人際關係。一個人如果具有親密友愛的人際關係,並能將其保持下去,就可以反映出他具有十分平衡、完全充實的個性。良好的人際關係既能夠反映出人們對他的理解和支持,也能夠滿足他個人內心的歸屬感、信任感以及各種形式的愛的需求。

　　心態平和。每個人都希望自己有一種平和的心態,使內心中具有一種平靜感,同時對自己是什麼樣的人和代表什麼樣的人感到滿足。心理學和哲學中所有偉大研究成果的現實目的,都是為了使人們獲得更平衡的心態。沒有這種心態,人們就不能真正地了解任何其他的事物。如果一個人總是先入為主地以恐懼、埋怨、憤怒或負疚等消極思想控制自己,

那麼這些消極的東西就會耗盡個人的能量和精力，阻礙他達到自身各種能力的最佳狀態。

自我實現。最後一個因素是大多數人所說的完全成功，即馬斯洛所說的自我實現。其含義是「透過行動將思想變為現實」。向公眾展示自己優異的成果、能力、創造性和個人的自主程度，這是人的天生需要。使人能產生改變自己一切的能力的是什麼？使人能夠在一生中把自己的潛力變成現實的力量是什麼？是知識和情感。

第二章　培養健康的心態

第三章

增強行動的果斷力

▌步驟九　創造最好的開端

　　心態上給自己適度的包容，接受初期的艱難困苦，再盡量給自己創造最好的起步。相信，即使不一定能一帆風順，但是你會讓自己更有意願走下去，潛能也可能會因此而開發出來。

掌握致勝絕招

1. 目前你做事與實現目標的效率如何？如果效率高，為什麼？如果效率不高，又是為什麼？

2. 你目前習慣的做事品質好嗎？有沒有更好的方法可以取代？

3. 如果有，會是什麼？你可以由何處學到？而你又如何透過實際的操作來評估新方法的實用性與品質？

　　在香港有不少人對一個電視廣告印象相當深刻：有一個胖女人坐在路邊的椅子上，只見一張百元鈔票在地上飄呀飄的，胖女人起身追了幾步，她用腳尖踩住了鈔票，左顧右盼後，就在她彎下腰準備撿錢的那一剎那，「喀嚓」一聲，只見胖女人低著頭，撐著腰，一臉痛苦的表情……

　　我不曉得你在看到這個廣告的時候，有什麼感受，你是只是笑笑，還是覺得有趣。

　　這個廣告給我的啟示是：方法。你所運用的方法不正確，將決定你所達到的結果會是什麼。

如果你的方法正確，你就會知道要撿東西時應該保持什麼姿勢，才不會讓自己受傷，如果方法錯誤，很可能就會像那句老話：「賠了夫人又折兵」，損失慘重喔！

人生中，有很多時候欠缺的往往只是正確的方法。你充滿熱忱，充滿企圖，但卻苦於沒有正確的方法協助你到達目的地。

方法原本就不一定非得靠自己的摸索、犯錯、歷練，才可能得到，學習別人成功的思想，成功的行動，正是減少我們摸索的時間與犯錯的機會的最好指標。

如果你想成為怎樣的人，你一定要去拜訪、去學習已經具備那些條件的人；如果你想在某個行業、某個領域功成名就，你也一定要去拜訪，去學習那個行業裡面的頂尖人士。當你的思想、態度、動作、方法都與這些成功的人士非常接近時，相信你要達到與他們同樣的成就和成果，欠缺的應該就只有時間的投入與次數的累積吧！

➤ 當你方法錯誤時，你不管試了千百次，都無法讓你達到目標。

➤ 當你方法有偏差時，你可能要繞一大圈，才能達到目的。

➤ 當你方法欠缺效率時，你可能要投入數倍的時間、精力、金錢，卻得不到良好的效果。

第三章　增強行動的果斷力

唯有正確的方法，才是你節省投入、創造更多產出的最佳選擇，如果你的老堅持、老方法，已經無法給你更多的滿意度，請找尋新的方法吧！

創造最好的開始

1. 通常做一件事，一開始就不順利時，你會如何告訴自己？
2. 這樣的意義或解釋對你的進度有幫助嗎？如果有，為什麼？如果沒有，為什麼？
3. 什麼樣的信念可以協助你創造更好的開始，或是初步遇到困難時，可以有更好的心態把事情持續下去？

宜蘭二結村的鎮安廟，又稱王公廟，是當地居民心目中很重要的一個聖地。由於有著意義非凡的價值，在廟齡未達百年，建築也並非獨具特色，沒有被列入古蹟的狀況下，二結居民雖然通過蓋新廟的決議，但仍保存了古廟，並且運用精密的計算，策劃了難得一見的「千人移廟」活動，將舊廟拖離原地並完好地保留。

總計有老老少少將近千人參與這個盛會，雖然土地因為下雨而有些泥濘，但所有共創盛舉的人仍舊未減熱情，在深烙腳印的軟泥地上奮力地拉拽。

拉了十七分鐘，經過三次重整隊形，老廟在眾人一次又一次用力的努力下，終於拉動了整整一尺。當電視播放出這

個畫面時，我激動地和他們一齊興奮歡呼。

路不算是太艱難的，即使只是短短一尺長。

爾後，很快地，以平均二至八分鐘不等的速度推進著一尺又一尺的距離，終於在不到三十分鐘的時間內，他們將整座王公廟拉到精算的位置 —— 六尺處，完成了令人刻骨銘心的「超級任務」。

其實，任何一件事幾乎都是如此，起步總是較吃力、辛苦的，而且，起步的好壞、正確與否，都可能影響後來的發展，更何況，沒有起步，哪來過程與結果？

汽車啟動後，低速檔總是既耗油，速度又慢，然後當你逐步加油，逐步升檔，不僅車速越來越快，油也會越來越省。一開始就要用四檔、五檔的話，可能會弄壞機器哦！

所以，要容許自己在面對問題或自行操作時出現初期的不順利或進度緩慢，這往往是正常的和符合規律的！

任何一個小孩子由只會躺，到會翻身、會爬、慢慢地學站、學走，整個過程不都是經過一次又一次的嘗試、失敗，再逐漸進步、成長的嗎？

你可以容許你的小寶貝不斷地嘗試和失敗，你絕不會跟他說：「都試了七八十次了還不會走！乾脆不要學走，一輩子會躺、會爬就算了！」你會不斷地給他機會，給他鼓勵，但是，你卻常常忘了給自己最適時的激勵與再一次的機會，

往往短期內看不到成果，你就給自己負面的訊息，因而輕易地打了退堂鼓！

萬事起頭難，但是如果你多用點心，多做些準備，再多給自己一些正面的信念，讓一開始就平穩地有所進展，即使只是一點點，都有可能給自己莫大的鼓舞與持續的勇氣。

心態上要給自己適度的包容，接受初期的艱困，再盡量為自己創造最好的起步，相信，即使不一定能一帆風順，但是你會讓自己更有意願走下去，潛能也可能因此而被開發出來。

難怪古人會說：「好的開始是成功的一半。」因為那會是一種氣勢的延續，甚至是結果的促成！

吃力不討好，討好就不吃力，所以，一開始給自己一些甜頭，可能會讓自己士氣大振，而越做越順手，相對就會讓成果更好的機會大增！

馬上行動

1. 有哪些事是你一直想做卻遲遲沒有做的？
2. 有哪些事是你曾經想做，卻一直未曾真正做過的？
3. 有哪些事，是你做了一半，卻沒有堅持下去的，請在筆記本上、紙上或書上將它們全部寫下來。

任何一件對的、有意義的事，都值得您當下立即去做。

相信有很多人，包括正在看這本書的你，都可能時常在腦海中閃過想去做某件事的念頭，但又往往就此打住，因為下一個出現的訊息，往往就是你這樣告訴自己：明天開始吧（這還算不錯的）！下週再做吧！下個月！明年……諸如此類的自我告知，幾乎是 80% 的人思想與生活中的老劇本，而且幾乎是超高收視率的王牌戲劇，要它收官也難！

曾經在數年前看過電視報導過一位「抽獎大王」，這位仁兄凡是他所知道的可以抽獎的活動，他絕對不放過，不僅是寄出一張抽獎明信片或信件而已，常常是一寄五十張、一百張，當電視記者去採訪他時，只見他家裡面「堆滿」了他抽獎得到的獎品，有電視機、電冰箱、洗衣機、音響……更誇張的，都不只一臺而已，多的還有超過十臺以上的。

我常在想：大部分的人都是因為之前曾參加過類似的抽獎活動沒有得獎，或認為參加的人那麼多，怎麼可能那麼好運輪到你中獎！所以，有太多人總是看看就算了，想想就罷了，連寄出的興趣都沒有，這樣的話，「幸運」當然絕不可能降臨到你身上！

在生活中，我們是否也常在不自覺中，或經驗法則中，讓我們畫地自限，不敢去嘗試，不敢試著去跨出自己的腳步呢？

第三章　增強行動的果斷力

人常常在猶豫、裹足不前，乃至於鬆懈、拖延、懶散中，喪失了很多大好的機會，或許你未曾想過：如果你真的去做了，早一點去做了，當初曾經幻想期待的都會真的成為你的！如果你真的去做了，早點去做了，不該失去的也就不會失去！你還會眼睜睜地讓它們溜走嗎？你還會再拖延嗎？

生命中有太多的如果，但是只要你停在原地不動，那你又如何將如果轉化為真實的成果呢？所以，馬上行動，就是現在。

現在你有一大堆的事情可以安排進你的生活中了，比較一下它們的重要性，列出優先順序，逐一安排在適當的時間裡，更重要的是下「執行」的指令，「行動」是創造結果的唯一途徑。

記住，不行動也會創造結果，只是往往讓你離目標越來越遠罷了！

向專家偷技巧

1. 你想成為哪一方面的「專家」，把它寫在你的夢想筆記中，並且描述清楚成為這樣一位人物所具備的特點、條件？

2. 你是不是已經具備了這些特點、條件？如果還沒有，差別在哪裡？

3. 你該如何培養自己成為這樣的人？

美洲籃球巨星麥可‧喬丹，每次看他在球場靈活的身手，美妙的拋物線，籃球空中入網的剎那，總令人充滿讚嘆的快感。

或許你也曾經聽過他的故事：每天一定練球到投進六百球為止。

我時常在想，如此愛運動、愛打球的我，曾經為了賭一口氣，不投進五十球就不休息，不回家，結果投到天已黑了還在球場奮戰，無法離開……

據說喬丹在比賽時只要看到自己所在的地板位置，就知道球投出去的角度、弧度和力度，不「神」都很難！

「專家」往往是在將一些很簡單、很笨的動作，重複不斷地做到非常熟練，能夠應變，甚至舉一反三為止。

專家是可以將所知所學運用在生活當中，可以實際有效地執行的。

如果你的所學所知只能存在你腦袋中，而無法運用，那你只不過是個虛有其表的空殼專家罷了！

想想喬丹，再想想自己，或許我們和他最大的不同就在於他先前的苦練與投入，獲得的收穫與深入的程度，往往和你投入的時間和心力有關！

所以，他可以每天練習到投進六百球才休息，如果換成是我，別說六百球，可能兩百球我就想休息了。

第三章　增強行動的果斷力

在你還不是一個神投手之前，你也可能只是一個球痴；在你具備任何一種能力之前，你都可能只是那個領域中沒有任何分量的小角色！

可是你願不願給自己機會，去投入、去深入、去練習、去磨練，而且給自己時間，容許過程當中的不順、不適、不悅與挫折。沒有多少人是真正的「天才」，唯有使用有系統、有計畫、有決心的態度和做法，才能真正釋放你的潛能，逐步塑造自己成為深具影響力與能力的「專家」。

你要成為怎樣的人，只要將自己訓練、培養得與目標對象越來越像，你就越可能得到與對方相同的成果！

所有的成功者在他們真正有大成就前，幾乎都有所謂的假想敵人或追尋的目標人物，走別人的路，創自己的格局，趕緊去找尋你的目標對象吧！

想辦法督促自己做得與對方一樣，那麼即使你無法成為麥可‧喬丹第二或比爾蓋茲第二，但至少你仍是可以出類拔萃，成就非凡。

建設動力規畫

1. 如果你實現了這個目標，你會得到什麼樣的好成果與感覺？它所帶來的價值是什麼？（可以從你最近想做的事情開始思考）

2. 如果你沒有實現這個目標，你會產生什麼樣不好的結果
　　或負面的影響？它所帶來的痛苦是什麼？

3. 你如何運用視覺、聽覺、感覺去強化這些動力，並提醒
　　自己？

　　很多時候，我們無法將一個很好的習慣順利地培養成功，除了時間的投入、次數與經驗的累積不夠之外，另外一個重要的因素就是欠缺維持熱度的決心。

　　自我改造、潛能開發也是一樣的道理。

　　試想，是不是有很多事你做了一半就半途而廢？是不是有很多事你原本興致勃勃，但只維持了三分鐘熱度，到最後不了了之的？

　　一個人為什麼會有動力想去做一件事，去實現一個目標，通常有兩個動力來源：第一是對快樂的追求，第二是對痛苦的逃避。

　　即是如果我做了這件事，實現了這個目標，我會得到什麼樣的正面感受和價值；或是如果我不去做這件事，不去實現這個目標，我會得到什麼不想要的痛苦或困擾。

　　肚子餓時你會想去吃東西，因為吃了會快樂，不吃會痛苦；牙痛時你會去看醫生，因為醫好了會快樂（或解除痛苦），不醫會痛苦。

　　然而，為何有時你明明餓，但卻不見得會去找東西吃？

或許因為你手中還有更重要的事要做。為何你牙疼時不想馬上去看牙醫？因為看牙醫可能比目前的牙疼更痛苦！

　　人永遠在做重要性的取捨，而這種決定往往取決於心理狀態的臨界點。所以你必須去強化你的動力，即是將實現之後的快樂極大化，或將不實現的痛苦擴大到越無法忍受越好，因此你想去做這件事的動力就會爆發出來！

　　要開發自己，希望自己達成什麼目標的話，就先去強化實現之後的結果，而且盡量去證實它，創造不得不去做的壓力，讓自己知道不去貫徹的結果就會有更多的痛苦。如此一來，雙向都有動力，你要維持自我開發及實現目標的機會就大大地提升了。

　　推動自己去做一件事的動力，就像汽油對於汽車一樣的重要，但是更重要的是，你要用鑰匙去啟動。

　　而這把動力的鑰匙，就是你的思考與決定！當你加足了油，強化了你的動能，不要忘記，轉動鑰匙，啟動引擎，再踩下你的油門，你才能筆直上路，邁向目標。

規劃成功的藍圖

1. 平常你有沒有做計畫的習慣？如何有做？你所運用的方法是什麼？

2. 你制定的計畫都是自己靠經驗及參考資料做出來的，還是有請教別人，或有邀請別人協助？為什麼？

3. 制定計畫後，你的執行力如何？好不好？原因何在？

父親跟我說，四十年前他在空軍服役時，生活非常清苦，物資也相當缺乏，所以在部隊的團體生活中，演變出了許多特殊的吃飯文化。

在當時由於飯的供應量有限，所以為了多吃米飯，聰明的人會在第一碗只盛半碗飯，快速吃完，再趕緊去盛滿滿的第二碗。如果你貪圖第一碗先盛個滿滿的，你很可能就吃不到第二碗，即使是一小口都沒有，這可不是朝三暮四或朝四暮三的差別而已。

當初有一位信奉天主教的新兵入伍，依照慣例，他需要在吃飯前閉眼禱告，但等這位老兄禱告完畢，張開眼睛，竟然發現他的飯菜都不翼而飛，進到別人的碗和肚子裡去了！有了一天三餐的連續經驗，他再也不敢在飯前禱告，也和其他同胞一樣，猛力吃飯填飽肚子了。

有人說：「識時務者為俊傑。」人無可避免地要面對各式各樣的競爭，或許今日已不再有餐桌上的一口飯之爭，但賽場上、同業間，乃至人與人之間，情感、生意……卻仍有太多隨時要上演的對抗戰。

很多人終其一生在追求「贏」，但卻又常常忽略什麼才是最重要的事！如果你在追求目標與成果的同時，又能給自己一些積極的規畫：如人際關係、自我能力開發，透過有計

第三章　增強行動的果斷力

畫的學習、吸收，你才可能真正地讓自己「贏」，否則你會像那首歌一樣：輸了你，贏了世界又如何？

在事情開始執行之前，不要忘記給自己定下詳細明確的計畫，那才是真正能執行的依據。

很多時候我們都曾制定目標，然而卻很難去執行與實現，其中的關鍵，就在於你根本就沒有計畫，或計劃得不夠完整，甚至計畫有了偏差和問題。

所以當你想做，卻沒有方向，沒有遵循的標準時，那不就像無頭蒼蠅一般嗎？

如果你要去趕一班五點起飛的飛機，你大概會在兩點半前整理好行李，三點出門，四點趕到機場……，你幾乎很清楚自己該做什麼，什麼時候做？可是換成做一般事情、工作或生活上大大小小的目標，你卻沒有把它們當一回事，沒有計畫性，也不知如何督促自己！

因為，飛機不會等你，而生活卻有太多自己給自己的縱容。

如果你想要改變自己，除了訂下目標，更要有周全的計畫，讓自己按部就班地去執行，那就比較不會毫無頭緒或信心了！

讓你的計畫切合實際，而且簡單、可行，這樣比較不會行之無味，而降低行動的意願，以精確的計畫為基礎，你要

實現改造自我，將大有可為！

　　如果你有想到哪做到哪、想到什麼就做什麼的習慣，那或許只是有行動力的表現，但並不一定會有效率。

　　所以你要增加改造自我的機會，然後去做執行計畫、按部就班的要求自己，更可以透過別人的協助，而讓自己更完備，並且不得不去做。從最簡單的事情做起，把你的計畫寫下來，不要只是放在腦袋中；一件事的計畫，一天的計畫，甚至待會要出門買東西的計畫，由小到大逐步練習，你會漸漸熟悉而形成習慣，自然就會更有力量促使你去實行與改變！

　　很多事原本就不是大學問，笨笨地去做就是啦！

堅持到底不放棄

1. 什麼事你曾經充滿熱切的期望，但卻半途而廢，沒有堅持到底的，請把它們全部列出來！

2. 為何當初你會放棄？原因是什麼？是否是你的習慣造成的？

3. 有什麼誘因可以刺激你去追求這些目標的強烈欲望，把它們全部明確地用文字、圖畫列出來。

　　臺灣著名作家楊智為是一個對工作執著、堅持目標的狂熱分子，聽過他演講的人，莫不為他熱力四射、汗水淋漓的演講而震撼。

第三章　增強行動的果斷力

　　最讓人印象深刻的是他對於成立「終身大學」的期望，為了讓更多人樂在生活、樂在工作、樂在學習的夢想能實現所投入的努力。

　　楊先生時常在演講的過程中突然彎下身軀，脫下他穿在雙腳上的皮鞋，並且高高舉起或是拿到聽眾面前。

　　映入眼簾的是一雙鞋底已磨破，鞋跟磨斜，樣貌坎坷的咖啡色皮鞋。

　　楊先生說：「看看我這雙鞋，每次一下雨，我的鞋子內就會積水，但是為何我還繼續穿它。因為我給過自己一個承諾，希望十年後在臺灣成立一所終身大學。只要這個目標一天不實現，我就會繼續穿這雙鞋，用它來激勵自己，直到終身大學成立為止！」

　　成立一所大學所需的資金與人力、物力，絕非是一朝一夕所能成就的。

　　楊智為能用無悔的投入，在未達目標之前「堅持到底」，並且用實際的舉動來督促與激勵自己，這可是讓自己實現目標、自我改造與激發潛能不可或缺的原動力！

　　選擇你所愛的，愛你所選擇的！你一輩子最大的終極目標是什麼？你清不清楚？

　　很多人生活過得沒有意義，欠缺重心，往往在於自己並沒有理清自己最終要做的應該是什麼？

可是，即使你真的已經發現自己不能達到終極目標了，仍然需要有積極正確的思想、樂觀主動的態度，更重要的是要有永不放棄的行動。

思想、態度與行動的串連，是讓你更有效地掌握自己的法則。很多人往往已經定下了目標，也找到達成目標的正確方法，可是卻礙於外在某些無法掌握的因素或衝擊，又迫於某些現實的考量 —— 在未實現夢想之前就自行放棄了，這實在是相當可惜。

發明大王愛迪生曾經說過一句名言：「全世界 75％的失敗只要堅持下去就一定會成功。」

其實，有太多的事，原本就不是一次兩次的努力就可以成功的，往往需要再三的嘗試與行動，才能圓滿。所以，再多加點油，多用點心，堅持到底，才是達到目標最快速的道路。

運用外界的資源來協助自己堅持下去，可以是一句發人省思的話，一張理想目標的照片，一份夢想建構的藍圖，更可以找幾位同伴一起互相叮嚀、協力成長，將會比你只是在腦袋內構思、想像來得更加有效。

借力使力，凝聚外力，不要光想靠一己之力去實現目標。

第三章　增強行動的果斷力

跳脫格局，創造機會

1. 通常你是被動地等待機會？還是主動去創造和爭取？為什麼？

2. 你的創意能力高不高？有沒有增加創意的方法？方法是什麼？

3. 你可否快速地將一個問題，用不同的角度去思考？為什麼？

英國某大報紙曾做過一次有獎徵答，題目是：有一個熱氣球載著三位科學家，第一位是核子專家，他可以避免核子戰爭，使人類免於被滅亡的恐懼。第二位是糧食專家，可以快速種出作物，避免缺糧的問題。第三位是環保專家，他可以避免環境被破壞，改善生活的品質。

三位科學家都很有貢獻，但都不會游泳，當熱氣球升到半空中時，突然開始漏氣，此時必須要犧牲掉其中一位科學家，才能換得另外兩位的生存，繼續造福人類。請問，如果是你，你會犧牲哪一位科學家？把哪一個丟下去？

有超過 80% 的人回答：核子專家；只有少部分的人回答其他兩個，但這都是沒有創意的答法。

這個超級大獎最後被一個七歲的小男孩拿走，他的答案是：「把最胖的那一個丟下去！」

　　跳脫原先的格局，你才會激發創意，創意一增加，開拓的機會就隨之而來。想想，小男孩的答案完全符合標準，但是創意卻使得他的答案更具爆炸性。

　　不要只是等待，機會是需要去爭取的，也可以去創造，要改造自我，主動去爭取機會，誰會主動來協助你成長呢？誰也不知道，但是，你願不願意幫助你自己，只有自己是再清楚不過的了！

　　有空的話，看看腦筋急轉彎，訓練一下你的創意，其實，創意可以透過模仿和學習得來的。

　　多吸收新資訊、多增廣見聞，多動動腦筋，最重要的是要有主動出擊、積極爭取的習慣，那才是自我改造的原動力。

　　好的東西值得堅持，新的創意需要增添，偶爾換換口味，吃一餐不常吃的料理，不要每天上下班都走同樣的路線，多繞一些路也無妨，不同的風景會有不同的感觸。不要把自己搞得冥頑不靈，那要改變可就難上加難了！

良好開端的十把鑰匙

　　有許多方法可以幫助他人，使他們感覺到你的重要性。保持謙虛的、禮貌的、樂於助人的態度是良好的開端。下面是一些要補充的建議。

第三章　增強行動的果斷力

> **機敏**：時刻抓住機會對他人的行為或成果加以稱讚或表揚。如果你始終敏銳地觀察和了解他人，總能找到讚美和恭維他的理由，並抓住正確時機叫某人做某事。

> **活躍**：永遠表現出與他人和睦相處的熱情。與他人握手時要用微笑和恰當的語言表現出你非常高興與他會面。
> 這是一個關於砌磚工人的真實故事。當有人問道：「你們的職業是什麼？」第一個砌磚工人回答說：「砌磚頭的。」第二個回答說：「我每小時的工資 12.5 美元。」而第三個則回答道：「在這個世界上我蓋了許多富麗堂皇的大教堂。」從這裡可以看出，如果一個人能為這些簡單的磚頭而感到心情激動，那麼他在與他人相處的時候就一定會熱情洋溢。

> **助人**：要始終表現出對別人做的事的關注和興趣，如果可能就給予某種幫助。對他們的追求要給予鼓勵，有時一句鼓勵的話會使他的一生變了個模樣。

> **關心**：關心他人的家庭情況和愛好，發現他人對社區的貢獻並向他們表示祝賀；也要注意他們受到了什麼傷害，需要哪些幫助。

> **欣賞**：人們都渴望別人欣賞自己的外貌和談吐。提升他人的價值，你就為這個世界增添了價值。
> 《富比士》雜誌上寫道：「一個人只有得到周圍人的尊

重，才能真正地感到幸福。而無論誰要順利地與我們相處，就永遠也不要忘記，我們都有自尊心，而自尊心也在支配著我們每一個人。一句欣賞、讚美的言詞，常常可以完成看來並不能完成的事。」

➤ **讚美**：每個人都希望在他們付出艱苦努力的時候，聽到別人支持讚美的聲音，尤其是在面臨逆境的時候。讚美他所做的事，就是讚美他的為人和支持他的事業。任何一個人的身上總會有積極的方面值得你去讚美和支持，正如林肯在一次評論中所說的那樣：「每個人都喜歡讚美。」

➤ **愛心**：對別人表示出真誠的友情與愛心，別人也會回報以同樣的情感。友愛之情能使人們緊密團結，又能使人們輕鬆自在，心情愉悅。友愛之情在人際間傳播能產生強大的力量。

➤ **寬容**：要像人們包容你一樣去包容別人。要讓他人感到自在，就要使人們能夠自由公開地表達他們的思想和意見。只有待人寬容，才能給他人力量，才能鼓勵他人變得更好。

➤ **肯定**：表揚他人時，要大張旗鼓；批評他人時，要平心靜氣。積極肯定的語言可以增強他人的信心和勇氣，並幫助他們向更高的目標奮進。值得讚揚的事就要去讚揚。

➤ 交友：愛默生說：「要交朋友，你首先必須是一個朋友。」沒有人會一個朋友也沒有。

▌步驟十　你不能獨自成功

無論你有多高的才能，你可以學會獨自去面對世事的艱辛，卻無法獨自成功，你必須懂得你只是大海中的一滴水而已，如果你想體會海浪的奔流，你必須不斷地尋找你的同伴。

專攻一項溝通技巧

如果在利用各種手段來促進人際關係時，單就維持人際關係就足以讓你手忙腳亂並耗費巨大的精力。那除了對擁有大量熟人感到滿足之外，你根本沒有心情或時間去運用這些人際關係。和金錢相同的是，人際關係也是為了滿足使用目的而建立，若無法使用，即使看著存摺的金額越來越高而欣喜不已，也是毫無意義可言的。

在各種促進人際溝通的方法裡，你最不感到排斥的是哪一項呢？倘若你不擅文筆，不妨善加利用電話溝通，反之，也可以決定在賀年卡上下工夫。總而言之，專心致力於某一項最重要。如果各項方法都想嘗試，結果可能樣樣均告半途而廢。

為了促進人際溝通，心存「自己總是不合情理」的想法十分重要。反之，如果自認「我不論對誰都能問心無愧」的話，必將流露出自滿的態度。

這種人在別人稍有不合情理時，「居然蔑視我煞費苦心維持的交情」，必然會心生不滿。而且，「世界上盡是一些不知禮貌的人們！」也會保持這種扭曲的正義感。如此一來，「好難相處的人啊！」別人也將對你產生這種印象。

大致來說，只因對方偶爾拒絕應酬或忘了寫回信，就抱怨個不停的人，根本稱不上是真正的朋友。一旦感覺到自己不合情理時，固然有必要利用別的場合寶持聯絡，但如果彼此都各自懷抱著想實現的夢想時，自然抽不出時間來逐一應酬對方。如此一來，人際關係當然會變得不佳。

然而，即使情況如此也仍能持續維持交情的，才是真正的人際關係。倘若必須靠刻意費力討好對方等方式才能維持的交情，是無法稱為人際關係的。

學會尊重他人

人都有一定的自尊心，你若想人尊重你，你首先便要尊重別人。一個不尊重別人的人，是絕不會得到別人的尊重的。在人們的交流中，自己待人的態度往往決定了別人對我們的態度，就像一個人站在鏡子前，你笑時，鏡子裡的人也笑；你皺眉，鏡子裡的人也皺眉；你對著鏡子大喊大叫，鏡

第三章　增強行動的果斷力

子裡的人也朝你大喊大叫。所以，我們要獲取他人的好感和尊重，首先必須尊重他人。

要做到尊重他人，首先必須平等地對待每一個人。心理學研究顯示，人都有友愛和受尊敬的欲望，交友和受尊重的希望都非常強烈。人們渴望自立，成為家庭和社會中真正的一員，平等地與他人進行溝通。如果你能以平等的姿態與人溝通，對方會覺得受到尊重，從而對你產生好感；相反地，如果你自覺高人一等、居高臨下、盛氣凌人地與人溝通，對方會感到自尊受到了傷害而拒絕與你交流。

在溝通中，千萬不要傷害對方的自尊，否則，受到損失的一定是你自己。有一位臺灣留美學生經常在課餘時間幫一家餐館洗碗盤。廚房主管是一位典型的美國人，他很慷慨，但也很愛嘮叨。他常在留學生工作時站在旁邊演講：「你太幸運了，我們的政府批准你來這裡讀書，現在我又給你一份工作和許多食物，讓你連飯錢都省下了……」有一次，這位主管又重複這些話時，留學生站起身指著對方說：「再說下去，我就一拳打歪你的鼻子！」此後，主管再也沒有發表類似的「演講」了，因為他知道了要尊重別人。

這件事也許能帶給我們一些啟示。

注意第一印象

　　一般來說，要刻意推銷自己的場合是在與人初次見面之際。在這種場合下，一個人的第一印象是非常關鍵的，無論是別人對你或是你對別人都一樣。如果別人對你的第一印象不好的話，在以後的溝通中要改變別人對你的看法就非常困難了，往往要付出更多的努力。儘管上一篇我們說過，「第一印象」是我們在溝通中應該努力克服的一個偏見，但是幾乎所有的人都無法完全做到這一點。其實這也是符合人們心理常態的，因為人們對某一事物或個人在第一次見面時留下的印象最為深刻，比如對於同一個人，不同的人對他可能有完全相反的評價，其原因就是人們在第一次見到他時看到了他所表現出來的不同側面，並在心中形成了一種慣性思維，以至於在以後的交流中都會根據這一思維去觀察他、判斷他。

　　要給人留下良好的第一印象，首先應該有恰當的衣著。俗話說：「佛要金裝，人要衣裝。」一個人的衣著可以反映他豐富的內心世界、知識、修養、審美等等。不恰當的衣著，會引起人們的反感，給人留下不好的第一印象。比如，一位教師如果以「西部牛仔」或伴舞女郎的打扮走上講臺，肯定不會受到學生的尊敬，即使課講得再好，也難以改變這個狀況。另外，「愛美之心，人皆有之」。美觀得體的衣著，

第三章　增強行動的果斷力

往往首先給人賞心悅目的感受，讓人產生與他繼續交流的願望。「先敬羅衣後敬人」這一古語雖然說從道德上來講有所欠缺，但它畢竟是一個我們無法改變的現實的社會觀念。其實這也是「情有可原」的，因為對方要了解你的「內在美」需要經過一段時間，而展現一個人個性的衣著卻會讓人一目了然，留下一個直觀的印象。

當然，要注意衣著，並不是說一定要穿上華貴的衣服。事實正好相反。一味追求華貴，反而給人庸俗的印象，重點是要整潔大方，才能展現人的內在素養。美國有許多大公司對所屬員工的著裝都有規定，而規定並不是說要穿得多麼好看或衣料的好壞，關鍵是要符合審美要求。

現在，有某些大公司提出了上班衣著須注意的六點要求：

1. 鞋擦過了沒有？
2. 褲管有沒有脫線？
3. 襯衫的扣子扣好了沒有？
4. 鬍鬚剃了沒有？
5. 梳好頭髮沒有？
6. 衣服的皺紋是否有注意到？

其實，這都是一些很小的細節問題，但正是這些「細枝末節」，往往能給人留下一個良好的印象。

站在對方的角度看問題

我們每個人，自從有了明確的自我意識後，就習慣了從自己出發，以自己的邏輯去看問題。在社交場合中，我們如果換一個看問題的角度，即從對方的立場看問題，就會產生一種奇妙的效果，給對方一種尊重感，使對方縮短跟你的心理距離，達成一種心理溝通。

撰寫過多本世界暢銷書的卡內基，曾遇到過這麼一件事。一次卡內基租用某家大禮堂來講課。對方提出要增加三倍租金。卡內基與這家經理交涉說：「我接到通知後，有點驚訝，不過這不怪你。因為你是經理，你的責任是盡可能地盈利。」緊接著，他為經理算了一筆帳，將禮堂用以舉辦舞會或晚會，當然會獲得大利潤，但你趕走了我，也等於趕走了成千上萬有文化的中階管理人員，而他們光顧貴處，是你花錢也買不來的活廣告。那麼請問哪樣更有利呢？」經理被他說服了。

卡內基之所以成功，在於他在分析利弊時，是站在經理的角度，使經理把心理天平砝碼加到了卡內基這邊。汽車大王福特也說過這樣的一句話：「假如有什麼成功祕密的話，就是設身處地為別人著想，了解別人的態度和觀點。」因為這樣不僅能得到你與對方的溝通和理解，而且可以更清楚地了解對方的思考模式，從而有的放矢，擊中要害。

第三章　增強行動的果斷力

變成善於聆聽的高手

「只要向他打聽，必定可以得到不錯的點子」，有些人在別人眼中具有這種魅力。但是，這種人並不是凡事都是針對別人的話提供有利的「情報」。被稱為「說起話來鏗鏘有力」或「頭腦絕好」的人們也同樣都善於聆聽別人說話的內容。

由於世上只喜歡談論自己的人居大多數，因此願意安靜聆聽自己說話的人最受歡迎。所以，成為聆聽好手也是擴展人際關係的重點之一。

聆聽別人說話時，懂得隨聲附和尤為重要。只要不時地隨聲附和，對方便會覺得你將他的重點一字不漏地聽進去了。

成為幫腔附和好手的最好辦法是仔細傾聽對方說的話，如果心不在焉地聽人說話，便有可能在不關痛癢的地方搭錯腔。但是，有些不善於傾聽別人說話的人，由於拚命地想表達自己的意見，有時候會在剎那間變得心不在焉。這是因為急著表現自己頭腦好，打算跟對方說些中聽的話，因此對方的話只聽到一半就心不在焉了。

只是偶爾丟來幾句中聽的話，是無法收到溝通效果的。彼此將內心想法完整地相互交換，才能達到溝通目的。為了思考著說些合情合理的話因而忽略對方所說的內容，或是在

中途加以插嘴時，彼此將無法相互理解。與其如此，還不如從頭到尾一言不發仔細地聆聽，更能讓對方感到稱心。

　　年紀大的人尤其喜歡向年輕人說道理。因為幾乎沒有人是討厭說話的，所以只要你練就洗耳恭聽的功夫，對方必然會以相當親切的態度對待你。雖然抱持「聽老年人細數往事令人心情沉悶」的想法的人不少，然而，除了可以建立人際關係之外，聆聽上司或前輩說的話，也可以增廣見聞。畢竟，對於先出世的人而言，有義務向晚輩傳遞往事。他們並非單純地陶醉於往事。或只談過去顯赫的功績而已，他們說的話，大多是為了晚輩的利益。憑著這種力量，社會才能不斷進步。倘若傾聽過前輩們的成功或失敗經驗後沒有進行仔細研究的話，自己也有可能重蹈覆轍。

　　由於前輩的話以獨善的成分居多，所以你千萬不可囫圇吞棗，應該自行過濾後再加以消化。只是，基本上聆聽他人說話是一種好習慣，仔細傾聽並且讓對方感到心情愉快才是重點所在。

善於聽取他人的意見

　　善於聽取他人的意見是第三個也是最後一個形成良好人際關係的技巧。善於聽取他人的意見是一種積極的心理技巧，它要求我們集中精神注意聽別人說些什麼。

第三章　增強行動的果斷力

　　當你專心傾聽別人的意見時，你的態度會使對方感到你認為他們的意見是重要的、有價值的，這就等於給了他們尊敬和讚賞。有效地傾聽是提高他人的價值和自尊心的有效方法。

　　以積極的態度傾聽他人的意見，這對有些人來說實在不是一件容易的事。因為聽者思考的速度往往成倍地高於說者談話的速度。大多數人可用每分鐘一百二十五個單詞的速度講話，而大腦接收語言的速度可達到每分鐘四百五十到五百個單詞。所以聽者可以在對方談話的同時，拿出三分之二的時間進行思考。當人的大腦未達到滿負荷運轉時，這種一邊聽一邊思考的方式，往往會使人走神，其結果是兩方面都沒完全做好。解決這一問題的訣竅就是把大腦中三分之二的空餘能力全用於集中聽對方講話。

恰當地讚美他人

　　讚美他人，是我們在日常溝通中常常碰到的情況。要建立良好的人際關係，恰當地讚美別人是必不可少的。事實上，我們每個人都希望自己能得到別人的讚美。我們花了很大的精力，希望從他人那裡得到賞識，但是，我們之中認為周圍的人充分理解自己言行的人並不多，而我們自己也很少評論那些發生在我們周圍的、我們所喜歡的言行。這一點著實令人感到奇怪，因為表達讚美是非常容易的，不需要任何

代價，而我們在讚美別人後自己得到的報償卻是多方面的。

　　人人都喜歡被讚美。美國著名社會活動家曾說出一條原則「給人一個好名聲，讓他們去達到它。他們寧願做出驚人的努力，也不會使你失望。」因為讚美是不會被人們拒絕的。

　　清朝曾出現過一部叫做《一笑》的書，裡面記載了這樣一則笑話：

　　古時候有一個說客，他當眾誇口說：「小人雖不才，但極能奉承。平生有一願，要將一千頂高帽子戴給我最先遇到的一千個人，現在已送出九百九十九頂，只剩下最後一頂了。」一長者聽後搖頭說道：「我偏不信，你那最後一頂用什麼方法也戴不到我的頭上。」說客一聽，忙拱手道：「先生說的極是，不才從南到北，闖蕩了大半輩子，但像先生這樣秉性剛直、不喜奉承的人，委實沒有！」長者頓時手撫鬍鬚，洋洋自得地說：「你真算得上是了解我的人啊！」聽了這話，那位說客立即哈哈大笑：「恭喜恭喜，我這最後一頂帽子剛剛送給先生你了。」

　　這只是一則笑話，但它卻有著深刻的寓意。其中除了那位說客的機智外，更包含了人們無法拒絕讚美之辭的道理。之所以如此，最主要的原因便在於讚美他人能滿足他們的自我。那麼任何一個人都可能會變得更令人愉快、更通情達理、更樂於協力合作。日本的一位學者這樣提醒人們：努力

第三章　增強行動的果斷力

去發現你能對別人加以誇獎的極小事情，尋找你與之交流的那些人的優點，那些你能夠讚美的地方，要形成每天至少五次真誠地讚美別人的習慣，這樣，你與別人的關係將會變得更加和睦。

讚美他人的技巧

讚美他人作為一種溝通技巧，也不是隨口說幾句好聽的恭維話就可以奏效的。事實上，讚美他人也有一定的原則和技巧，若是「出口亂讚美」，其結果只會適得其反。

讚美他人首先必須真誠。每個人都珍視真心誠意，它是人際交流中最重要的準則。英國專門研究社會關係的學者曾說過：大多數人選擇朋友都視對方是否出於真誠而定的。如果你與人交流不是真心誠意，那麼要與他人建立良好的人際關係是不可能的。讚美他人也是如此，如果你的讚美不是出自真心，對方就不會接受這種讚美，甚至懷疑你的意圖。因為人性中有一個優點，就是「無功不受祿」。如果你毫無根據地讚美一個人，他不僅會感到費解，還會莫名其妙，覺得你油嘴滑舌，想利用他，進而引起他對你的防範。所以在讚美他人時，為了避免引起類似的誤會，必須確認你所讚美的人「確有其事」，並且要有充分的理由去讚美他。比如對於一位你所熟悉的美貌女士，你可以對她說：「妳真美呀！」這

樣她可能會感激你對她的讚美；但如果你對一位其貌不揚的
女士說這句話，則可能會引起她的反感。同樣的，如此讚美
你所熟識的女性，對方會很愉快地接受，但如果用這種方式
去讚美一位陌生的女人，對方一定會懷疑你心術不正，因為
你與對方素不相識，對方覺得你沒有理由去讚美她。

　　讚美他人還必須誠心，對他人的優點和長處你必須是真
心真意地佩服。虛情假意的讚美只會讓人覺得你是在嘲笑或
嫉妒他人。

讓別人的自我感覺良好

　　成功的人際關係作為一門真正的藝術是使別人的自我感
覺良好。這涉及與自我有關的願望和需要的分享原理：當人
們從你那裡感覺到他們的重要性時，他們才會更加喜愛他們
自己；而只有當人們真正喜歡他們自己的時候，才會與你真
誠地合作。

　　無論是誰，在設計與他人相處的方法時，都清楚地知道
自己過去是怎麼做的。但是一定要記住我們在前面已經說過
的話：一個人在成全他人的同時，某種程度上也成全了自
己。愛默生對此評論說：「在我們的生活中，最美好的補償之
一，就是真誠地幫助別人，因為這樣做的同時也就是幫助了
自己。」

第三章　增強行動的果斷力

在這個世界上，在有他人存在的情況下，你能想像用詆毀他人的方式來成全自己嗎？所幸的是，那些對別人說不出好話的人，通常對自己也無好話可說。這種人在現實生活中只會成為一個對別人吹毛求疵的人。

富蘭克林年輕的時候就發現，他如果想與人們相處融洽，就必須改變待人的方式，他的祕訣是：「我從不說任何人的壞話，對每個我所認識的人都只說好話。」

含蓄地批評他人

人都是有自尊心和榮譽感的，有的人之所以不願接受批評，主要原因就是怕傷害到自己的自尊心和榮譽感。為此，我們在批評他人時，就得尋找一種不是直接批評，卻能達到批評他人使其改正錯誤的方式。這種方式便是含蓄地批評他人。

講到含蓄，首先忌諱的就是大發雷霆。有些人所犯的過失對我們可能是直接的傷害，因此，作為批評者往往容易發怒。但是，發怒和批評不是一回事，發怒並不能解決問題，且大發雷霆會嚴重傷害對方的自尊心，增加對方的抗拒心理，不利於解決問題。

其次，批評不應該在公眾場合進行，尤其是不要當著他所熟悉的人的面批評他。否則，會使對方感到「面子」受到

了傷害，增加他的心理負擔，影響批評的效果。比如，妳在客人面前批評妳的丈夫，不論妳說得是否有理，他都會感到在客人面前大大地丟了面子，甚至認為妳是在透過羞辱他而達到妳的自我滿足。所以，含蓄的批評應該是在私下裡進行的。另外，在批評的語氣上也可以表現出含蓄。比如，要對方改正錯誤時，用請求的語氣說：「請你做一些修改好嗎？」如果說：「你馬上給我改正！」對方肯定不願意接受。

唐代名相魏徵以直言善諫聞名於世，而他在批評唐太宗時也很善用含蓄的方法。一次，有人送給唐太宗一隻鷂鷹，唐太宗很高興，就托在手臂上逗著玩。見到魏徵進來，怕他看見，趕緊揣到懷裡。其實魏徵早已看見了，只是故意不言明，奏事時有意慢條斯理地拖延時間。結果等魏徵走了，鷂鷹也悶死在唐太宗懷裡了。這裡，魏徵就是用含蓄的方式來批評別人的。

沒有人能獨自成功

時光飛馳，世界已從幾千年前刀耕火種的社會發展到現在的高科技資訊時代。或許還有人沉溺於這樣的幻想中：獨自一人，策馬闖天下，去奪取成功殿堂中瑰麗的寶石。然而現實卻往往把這種夢想無情地擊碎。特別是在殘酷的社會競爭面前，若想成功，單憑個人之力是很難達到的。從無數成

第三章　增強行動的果斷力

功者的經驗和失敗者的教訓中，我們已經得出了結論：在這個世界上，沒有人能獨自成功！時代已發出了強有力的呼喚——合作！

合作是所有組合式努力的開始。一群人為了達到某一特定的目標，而聯合起來。拿破崙·希爾把這種合作稱之為「團結努力」。

對於任何創業者來說，所要進行的最困難的一項工作，就是誘導與他一起工作的人，在一種和諧的精神下，貢獻他們的努力與智慧。亨利·福特、愛迪生、洛克斐勒、哈里曼及拿破崙·希爾都做到了。他們深知合作和成功相輔相成的關係，遵循和諧地聯合個人思想的原則並善於激發其潛能，從而在各自的行業中獲得了成功。

合作的意義與重要性甚至連自然界的動物都本能地知道，例如，鴻雁在本能上就知道合作的價值。我們經常會注意到鴻雁以 V 字形飛行。這些鴻雁定期變換領導者，因為為首的雁在前面開路，在其身後會形成一個低氣壓區，緊跟其後的鴻雁飛行時就可以利用這個低氣壓區減少空氣的阻力。有利於整個群體的持續飛行能力。科學家曾在風洞試驗中發現，成群的雁以 V 字形飛行，比一隻雁單獨飛行能多飛 12% 的距離。人類也是一樣，只要能跟同伴合作而不是彼此爭鬥的話，往往能「飛」得更高、更遠，而且更快。

美國心理治療師戴安娜‧古柏在《改變生命之旅》一書中提及人們交友的兩個理由：一是成長；二是人可以從交友的過程中獲得滿足與快樂。因此在選擇合作夥伴的時候，更應將彼此看成朋友，創建共同的遠景，在過程中共同遵循既定的遊戲規則，遵守社會法律及基本的道德規範，在彼此寬容、鼓勵中堅持下去，那麼終有一天理想就會實現，達到真正的「同甘共苦」。

步驟十一　有點野鴨的精神

人應該有點野鴨的精神，身處於危機四伏，艱難困頓的環境中，既能堅忍地獨立生存，又懂得團隊的協作而最終得以自由的飛翔。

不要依賴保護過一生

我們在考查許多人的事業經歷之後，得出一個結論：一個人如果有強烈的意念，想避免為自己的命運完全負責任，那麼他的人生觀。就會對他掌握事業產生反作用。其中的原因可能是，我們有許多人都渴望被保護，於是在不知不覺中期待家庭、占星術、宗教、政策、領導人或常見的幻想來指引我們過一生。但我們必須不斷成長，並且掌握自我，這是贏得勝利的唯一道路。不這樣做的話，我們在物質上和精神

第三章　增強行動的果斷力

上勢必遭受失敗。

　　沒有一個人是平白獲得事業成功的，儘管富有的家庭可以提供穩定和機會，但它們卻不能給人滿足感。比如，一位英國商船帝國的繼承人，卻選擇研究非洲齧齒動物來滿足自我！從大量的案例上看來，成功的事業，是個人以希望、追求、明察、多方發展的能力、實際考慮現實、長遠計畫和個人的勤勉等因素為基礎，斷然做出個人決定的成果。

　　我們可以從這裡獲得什麼結論？似乎只有一個：想擁有自己的事業，就得付出代價。這句話的意思是你必須願意 —— 而且也能夠 —— 自己負起責任。「責任」是一個關鍵性的觀念：有責任的、能做合理行為、可靠、值得信賴、有良好信用及聲譽的。

　　為什麼這麼多受訪者，覺得無法為自己的生活負起完全的責任呢？他們環顧四周，結果找到盧梭的至理名言：「人生而自由。」但他卻處處受到束縛。

對自己負責

　　如果我們觀察一個人自知的程度，就可以解釋許多事。幼年時，我們開始以慣用的方式解釋環境，這些解釋模式深刻在我們心田中，好像河流流經一片不毛之地之後的固定河道。我們的思想和行為，漸漸依循著陳舊的老路，逐漸破壞我們能充分覺察到此刻一切變化的能力。沒有自知的人，是

不可能真正負起責任的。

　　對自己負責應包括詢問自己的基本價值。大多數關於事業指導的出版物，都是談論如何達到自我滿足和擴充自我，然而，這種指引，卻是教人怎麼「獲得」，多於教人怎麼「給予」。但有趣的是，在一項科學調查中，絕大部分成功者，都強調對別人貢獻的重要。一家公司的董事長湯尼，對這一點說得非常清楚：「我一向把純粹的自我追尋看做是空洞的動機。成功固然是重要的，但是為什麼要追求成功呢？人們常常努力去做我們認為值得做的事，但是一個人的成功，不是只靠自我追尋就足夠了，所以除了對所收受的覺得感激之外，還必須付出同等的回饋，才是可貴的。」湯尼又說：「我把我的事業當做是一個服務人群的途徑，在我權力和地位日益升高之際，這一點對我也日益重要。世界上總需要一些人努力做一番積極的表現，但是也有很多人卻什麼都不給予。」成功人士一定有發現到自己透過工作能為他人做出何種的奉獻。

　　我們能不能學習對自己的事業更負責一點呢？答案是「可以，但是……」。第一步是要明白這是一件很花時間的事。就比如你要學習一門外語的話，你一定了解，必須花費好幾年的研讀，才能運用自如。對你個人的事業負責，就和學習語言一樣嚴格，而且你還得為學習和努力許下同等的承諾。

第三章　增強行動的果斷力

　　有效掌握你自己，固然非常重要，但了解這一點卻不容易。照料罹患嚴重疾病的人，就最能了解掌握自我的可貴和重要。例如，道格拉斯‧巴德在二次大戰之前的一次嘗試特技飛行時墜毀並失去了雙腿，他躺在醫院裡呈現半昏迷狀態，痛得不得了，但是他能微微聽到兩名護士在說話。其中一名說：「小聲一點，這裡有個小孩快死了。」聽了這話，巴德決意不死。後來，他有了驚人的康復成果，而且再度擔任戰鬥員時，表現得十分出色，有一次甚至從德國戰俘營中逃脫 —— 儘管他用的是兩條假肢！

　　意志力使道格拉斯‧巴德創造了生與死的差別。此外，還有很多例子顯示了個人選擇和決心的重要性。根據美國的一位醫師 1984 年所作的研究報告，抗癌成功者都有一些正面的心理特質，這些特質包括：拒絕放棄希望、拒絕扮演病人角色、隨時準備接受新觀念等。他們對自己永遠具有強烈的信心。這位醫師曾如此說：「這些人拒絕壞消息，他們拒絕相信自己的疾病；我想他們並不了解自己的真實病情。」

　　我們是自己的決定者。即使是在不知不覺狀況中的個人決定，也往往比我們通常所知的，更能決定我們的現在和未來。高血壓患者需要內在動力以控制自己的血壓，職場人士則需要明白他們的決定對一生幸福的影響，這其中最重要的一點就是，提高我們對自己的自決意識，並發展我們決斷的潛力。

　　這不是理想，也並非不切實際，不少人因為日益了解自己的欲望而改變了一生。例如，身為電腦程式設計師的安達，寧可放棄自己的高薪職業，改讀藝術治療，她說：「我迫切地想做有長遠價值的事，我決定改變整個人生方向，是經過無數痛心與悲傷才決定的。」不過，對大多數的人而言，徹底的改變是人人都清楚地感覺得到的，他們在一種生活形態中已經過了很久，所以改變無疑會對他們造成很大的衝擊。一位記者解釋說：「我的嗜好是園藝，我花了兩年的時間規劃我的庭園，結果十分驚人。我很樂意當一名專業園藝家，但我怕極了做這種突然的變動。」

做一條能任意穿梭的小魚

　　如果你對自己抱有一種聽天由命的信念，那麼最好的結果也不過是成為一個平庸之輩。不正確的信念會奪走你的活力、你的渴望和你的未來。所以在你向著成功奮進的路上，你必須始終深信你有取得成功的能力。自我信任能夠引導出高度的自尊心和高度的自我期望，這兩個因素是一個人最終獲得高水準成就的基石。

　　大象是動物中最高大強壯的。一天，一頭幼象被獵人設下的鐵夾子夾住了腿，鐵夾子又被用鐵鍊子拴在一棵高大的榕樹上。小象一次又一次地拚命掙脫，幾乎使出了渾身解

第三章　增強行動的果斷力

數，可是卻無濟於事。幾天以後，小象已經弄得遍體鱗傷。牠意識到，牠的一切努力都是白費的，最終牠完全放棄了掙脫的願望。從此之後，即使人們只用很細的鏈子來拴住牠，這頭小象也不會去做任何掙脫的努力。在牠成年後的歲月裡，牠就這樣屈服於自我限制，對自己所具有的能力的信念就這樣一直支配著牠。也就是說，牠接受了一種內心表象：被捕獲的動物無法掙脫人類的控制。這種表象反映的信念就自然而然地表現在牠的行動上。

研究人員還發現有一種魚也存在著類似的行為，那就是人們熟悉的梭子魚。正常情況下，一條梭子魚總是愛向在牠附近游動的任何一種小魚發起攻擊。研究人員在水族箱中放入一個無色透明的玻璃鐘罩，將一條梭子魚罩在裡面，在罩子外放入一些小魚，小魚們在鐘罩外自由地游來游去，一旦某條小魚靠近梭子魚，這條梭子魚立即向牠們衝去，可是就是捉不著小魚。經過許多次痛苦的嘗試後，這條梭子魚終於放棄任何進攻，並且對這些小魚完全視而不見了。這時研究人員輕輕地把玻璃鐘罩從水中取出，讓那些小魚更加自由地游動，而梭子魚這時即使看到小魚就在自己的眼前游動也無動於衷，甚至當許多小魚圍在牠身邊游動時也是如此，因為前述過程中所形成的信念已經牢牢地占據了牠的潛意識，即使它是錯誤的。

有多少這類錯誤的信念在拖你的後腿？你為自己假設的「現實」是什麼？是否有一條想像的鎖拴著你的腿？是否有無形的玻璃罩使你與最終的目標分離？有多少擺在你面前的機遇被你輕易忽略？

人的大腦和整個神經系統可以比喻成燈具上的燈泡，燈具用電線連接至電網。燈具的亮度與燈泡的功率成一定的比率，如十五瓦特、六十瓦特、一百瓦特或兩百瓦特等等。每個燈泡都「創造」光明。燈泡從電網上吸取的能量就是它的額定功率。

你從你的能源庫中吸取了多少能量呢？在你成功的系統中，你安裝的是十五瓦特的還是兩百瓦特的燈泡，要記住，你現在安裝的是多大功率的燈泡，你就會吸收到多大的能量。

眼光即一切

我們不該把事業當做是理論的練習，我們必須做出大膽甚至狂妄的決定。「你是決策者」這個簡單但深奧的信念是基礎。我們每個人，不論了解與否，都須做改造我們生活的重大選擇，如果我們不能了解每個人都掌握著自己一生的道理，就會缺乏意志力去塑造一項適合我們個人希望、需要和能力的事業。

第三章　增強行動的果斷力

　　亞倫，一位成功的業務主管，他用非常生動的方式，說明了這一點：「我學會了無論碰到如何棘手的情況都能撐下去的技巧，其祕訣就是：從情況中超脫，做直升機式的鳥瞰。如果像迷宮中的老鼠那樣亂竄，任何人也不能夠成就一番不凡的事業。眼光即是一切。」成功的事業人士，似乎都能站到機會的外側，然後巧妙地做出個人決定。只是，不論做何選擇，一定要採取積極的正面態度，努力開發每一種狀況。

　　責任落在每個人的肩上，這個基本原則是所有對事業提供建議的人的共同見解。麥克是一位事業顧問，在一家擁有七百名員工的公司服務，他說：「時常有人來找我，問我一個現實的問題：『公司未來打算做什麼來幫助我發展事業呢？』我只能回答：『什麼也不做。』公司實在不會幫助任何人發展事業 —— 除非他碰巧是董事長的兒子。」

　　我們可以得到一個結論 —— 若要在今天這個競爭的世界中嶄露頭角，消極態度或犧牲者的心態都不足以適應。經濟、社會和政治上的變化速度，在逼迫人們成為自己命運的守護者。成功的事業人士，會仔細考慮各種選擇而後行動，並且會與其結果共存共榮。

　　現在該做以下的設計了。開始吧！祝你豐收。

愛自己愛別人，潛能無限

1. 你的缺點、弱點有哪些？請全部列出來！

2. 你最常逃避與不敢面對的是哪些？請特別標出來，對於這些弱點，你是不是仍有面對的恐懼與不安？

3. 提出完善計畫。你可以從哪裡，從哪些人處得到改善的資訊？你是否可以特別安排面對問題的機會？

在電影《黃飛鴻》中有這樣一段令人印象深刻的劇情。

有一位黃飛鴻的朋友叫何昌，因為在一場意外中失去了一隻手臂，從此之後，他就變得非常落魄消沉，也越來越不得志。

黃師父為了要激勵他，便設計了一場兩人的單獨會面，並且不斷地用言語去挑釁、刺激他，甚至用手與身體去推撞他。

何昌終於忍無可忍，情緒爆發，兩人各自拿了一支劍便廝殺起來。

由於黃師父的身手明顯高於他，於是何昌便逐步被逼退到牆角。而黃師父又一陣猛攻，快速出了一劍，穿過他斷臂的衣袖部分，將他釘在牆上。

話說黃師父這時卻故意露出破綻，罩門大開，並主動逼近何昌。

第三章　增強行動的果斷力

何昌在被攻擊的自然反應下，加上斷臂的衣袖已被釘著，只好趕緊用仍完好的另一臂出掌反擊，這掌不偏不倚地落在黃師父的胸膛上。

黃師父退後一步，雙手合拳，告訴何昌：「你贏了！」

何昌的直覺反應是一愣。

黃師父補上一句：「如果沒有那條斷臂，你可能已經受傷在先，沒有辦法勝過我了！」

很多時候我們無法突破，沒有辦法得到更好的成果，常常只是我們無法坦然去面對自己或接受自己，太重視自己的缺陷，而將自己捆綁起來。

因為無法坦然面對自己，特別是自己的缺陷、弱點，許多人便在遇到困難或自己不擅長、沒有把握的事情時，採取逃避的舉動。

這就造成了很多問題，使人一再地逃避與不敢面對現實，而產生惡性循環，不僅下次遇到時仍舊是個無法解決、突破的問題，而且更加深了你自己對這個困擾的刻版印象與恐懼感，因而越想去逃避，不敢面對現實。

坦然面對自己，接受自己的優點，更要接受自己的弱點，這是一個人成長、突破與開發潛能的第一步。

審視自己，清楚地分析自己，並且有計畫地來改造自己，讓優良的物質與能力可以妥善地運用與發揮，即使是缺

點也可以透過學習與彌補來改善。

　　恐懼是大多數人聞之色變、望之退卻的感覺，在自己沒把握、不擅長、不熟悉、不確定等意識上將自己定位於「弱勢」的時候，恐懼就油然而生了。

　　相對地，它所帶動情緒上與意志上的負面影響，往往也是造成我們裹足不前的一大因素。

　　如果你能有計畫地透過訓練與安排，將自己推向問題並面對它，一旦次數不斷地累積，必能逐漸淡化恐懼的感覺，進而能夠擁抱它、包容它，甚至讓它轉化為自己能力的一部分，潛能就是這樣在逐漸戰勝自己中被開發出來的。

讓自己成為目標的推動者

1. 為何你必須改變自我？而且一定可以改變自我？
2. 你通常是往好的方向看，還是往壞的方向看？為什麼？
3. 如果你想實現一個目標，最具影響力的動力是什麼？

　　過去的已經過去，有時候你花費太多精神氣力與注意力的焦點在上面，根本就是於事無補，想想解決之道才是真實的！

　　試想，為何翻看報紙雜誌時，你喜歡看「凶殺案」、「綁架偵破系列」、「緋聞」……因為這些消息特別吸引你的注意力，但是，這些卻也往往是讓你情緒不振、士氣低落的原因所在。

第三章　增強行動的果斷力

所以，千萬不要告訴自己：「不要」緊張、「不要」害怕、「不要」生氣，因為這樣的話語無法引導你走出注意的焦點，而仍舊落在緊張、害怕、生氣這些困擾你的因素上。把你的思緒放在你想要的人、事、物，想成就的目標上，才會真正凝聚力量，吸引能源。看看你的好，先把不好的「暫時」忘掉（因為這些不好仍是事實，而且需要調整），全力為自己製造自我實現的推動器，再努力去創造實現的情境且好好地耕耘，改造自我是絕對可以預期的。

如果你害怕什麼，就轉換成你想要、喜歡、想愛的字眼或情境，那會建立更有力的支持，協助你去實現目標；如果你喜歡什麼，就想辦法去征服它，用你可以想像得到的各種工具：人、事、物、聲音、圖片……都可以，只要讓他們不斷去影響我們自己的意識與潛意識，就不難實現。

切記，「永遠」注意你要的，你的生命將從此改觀！「永遠」忘記你害怕的，你的生命將從此更好！

睡前與睡醒的兩個時段來進行潛意識的「自我暗示」，效果可能會大大增加。

告訴自己：「我一定會有最完美的改造，而且最棒的成果會不斷發生在我身上！」多用進行式來增加臨場感，大膽地告訴自己，你就一定可以！

積極樂觀正面思考

1. 達不到目標，失意挫敗時，你通常告訴自己什麼？這個看法對自己有幫助嗎？

2. 這件事，有沒有更好的意義或角度，可以讓你感覺更好？對你有幫助？

3. 你如何去解決或改善這個狀況，讓你的結果更好？

籃球飛人麥可‧喬丹，有一個令人非常動容的廣告，鏡頭中並沒有喬丹在球場上超人的英姿，卻只呈現他穿了一件長風衣，慢動作行走的身影。

喬丹說，他輸了三百場的球、投籃不進的次數超過九千次，並且在關鍵時刻，共有二十六次之多的失手。

但他又說，由於他生命中充滿一次又一次的失敗，所以，他成功了！

失敗並不可怕，除非你自己願意被他打倒！

球場上是最鍛鍊人的意志的舞臺：壘球王通常打擊率也很難超過四成，往往十次上場只有不到四次會擊出安打；全壘打王往往也是贏三輸五，但這些都無法抹煞他們的風采和身價。

1996 ～ 1997 賽季美國職籃 NBA 有另外一個耐人尋味的新紀元：鳳凰城太陽隊成了歷史上第一支以開幕十連敗，而常規賽結束時卻能擠入分區季後賽的隊伍。

第三章　增強行動的果斷力

　　其實不僅在球場上，在人生的舞臺上又何嘗不是如此！你可以發現，幾乎大部分的成功人士，他們都有過非常艱辛、不斷接受挫折、失敗打擊的經歷，而他們也都撐過來了，並且轉化成對自己有利的經驗及能力，從而協助自己創造更豐富的成果。

　　放棄者將與成功絕緣！

　　其實，事情一開始做得不好或是失敗，原本就是很合理的。畢竟這個世界並沒有太多天賦異稟的天才。

　　但你又如何能欣然地面對挫折、失意、不悅？只有從心境上真正地接納開始，給予這些挫敗更佳的注解，才比較有可能釋懷，並且從中轉化成對自己有益的能量。

　　找出失敗的原因，予以適當的改善和調整，並且給自己更大的激勵，由積極樂觀的角度來思考和應對，就會激發出將其挫敗的抗體，而建立實現理想的有利條件。

　　再想一想，有沒有更好的意義呢？

　　有位銷售員曾拜訪了一個客戶達六十九次之多，都被拒絕了，但是當他試到第七十次時成功了，這最終的成功讓她多了一百多萬的收入。

　　試想，如果她沒有在前面六十九次的拜訪中一次又一次地調整自己，一次又一次地激勵自己，怎麼會有這致勝的第七十次？雖然前面六十九次的回饋是零，但是成功的這一

次，可以彌補所有失敗的過程所產生的不悅。

如果你發現，只要經過七十次持續的堅持，你就會得到一個很大的回饋，你會不會因此願意鼓舞自己繼續下去？

史特龍在演出「洛基」電影而一炮而紅前，曾被紐約的電影公司拒絕了一千八百五十五次，而他現在擁有傲人的兩千一百萬美金片酬。

愛迪生發明燈泡失敗了一萬次，當別人質疑他的堅持時，他說：「我只是再多找到一種發明不出燈泡的方法而已！」

你的思想與理念主導著你的一切。

在你遇到不如意時，換個更好的角度與意義去看待吧！。

積極樂觀的人生，才是彩色的人生。

不要害怕引起別人的羨慕

我們有許多時候之所以不能突破自己，是因為怕引起別人羨慕，害怕親朋好友知道你想勝過他們，怕他們說你不自量力而澆你冷水。「你的哥哥們都沒上大學，你怎麼能上大學？」許多有這種恐懼感的人是在競爭激烈的家庭中長大的，往往會把所有成年人，甚至密友，都看成了競爭對手。

如果你也有類似的感覺，可能也會認為當你努力想表現得比別人強的時候，別人會恨你，甚至本該恨你，因此就將

第三章　增強行動的果斷力

自己的名聲和成就隱藏起來。一旦有人誇獎就覺得不自在，好像自己做了什麼錯事被人家抓到了似的。所以就否認自己做出了什麼成績，只是謙虛地說：本來就很簡單嘛，我是僥倖的！反正只是運氣好。

有些人，不論男女，甚至在買漂亮衣服方面有心理障礙，害怕別人不高興自己打扮得漂亮。比如，一個女孩子買了一件特別好看的衣服，卻假裝只是件普普通通的衣服，「是大特價時買的，不是真絲的」，甚至於穿的時候故意蓬頭散髮，或是配一雙舊鞋。

要怎麼克服呢？不要再自欺你是個沒有願望沒有志向的人了，坦承你有目標。別人稱讚你的時候，不論多不自在，都欣然接受。你心裡在想著要表現好，要賺大錢，要多交朋友嗎？承認這些事實，也不妨告訴一些人，拚命隱藏只會使你覺得不該成功，你也就會盡量不讓自己成功。

別人的成就不如你的確令人遺憾，可是把你自己壓低了對別人也無益，你追求自己的目標 —— 只要不是存心害人 —— 對也別人一樣沒有害處。

假如你有姿勢不良、說話聲音小、過度謙虛這些症狀，更應該把自己放開一些。挺起胸，放開嗓門，驕傲一點，一開始會覺得自己有點厚臉皮，但如果你的本意的確想說想做，就不要壓抑。假如情況果真如你所料，別人真的怨恨你

有成就，也不妨面對現實。坦然接受被別人討厭的事實固然很苦，但自我貶抑殺傷力卻更大！

　　讓別人真情流露一下。有興趣的話可以問一問怨恨你的那些人，你有成就妨礙到他們什麼了（聽聽他們怎麼說，說不定能提醒你別太無情太囂張）。如果他們純粹是因為羨慕，你就可能會覺得他們小心眼了。你自己要記住，也不妨提醒你的朋友，一個一事無成一無可取的人，恐怕沒人要跟他做朋友。而且，假如你有一兩樣好的表現，對朋友也能發揮激勵的作用。

讓自己高一點

1. 當你情緒低落時，你如何振奮自己？如何思考？要做什麼事情？

2. 你所知道最快速改變自己情緒，甚至帶來激昂好情緒的方法是什麼？

3. 你所知道的激勵性字句有哪些？你自己最有感覺的是哪幾句話？

　　這是個頗耐人尋味的警訊，大多數人已經因為生活步調的快速、競爭的激烈以及壓力的沉重，造成在現實生活的壓力下變得事事缺乏樂趣，而且竟然有半數以上的人覺得不快樂，難怪會延伸出這麼多不正常的社會現象和問題。

第三章　增強行動的果斷力

如果你的注意力焦點常常落在灰暗不光明之處，你的思想就會蒙上陰影，而且往往造成態度、人際互動上的惡性循環，破壞了良好的關係。

如果你想開發自己，而心裡老是浮現：「不可能！」「省省力氣吧！」「這不是你可以做得來的！」「算了吧！」的想法，當這些負面的暗示在你心中持續醞釀，即使你掌握了絕佳的妙方，你都不見得會好好地去把握，甚至會輕易地就退縮放棄。

記住，你永遠會受你自己的認定和注意力所引導，別人只能提供給你建議，即使對方用脅迫的方式逼你就範，你仍可以自己決定要不要遷就。因為，只有你自己，可以百分之百地影響自己！

你不是該聽誰的話，而是你的思想告訴你：我應該接受；你也不是不接受誰的意見，而是你的思想提醒你：我應該反對，不要順從。

你永遠是你自己的主宰，所以，要開發自己，改造生命，只有先開放自己，並且給予自己正面的能量，振奮高昂的情緒，降低負面的侵擾，你就會像裝上了個噴氣式引擎一樣，激發出更多的熱力，推動自己的改造工程，讓自己能更快速地達到目標！

生活中存在著太多的不愉快，時常會降低你的行動意願，痛苦通常只是一種反向激勵的運用，長期來看，改變的動力最好還是建立在快樂的追尋上。

振奮自己的情緒，創造更多快樂的誘因，讓自己能更願意去做改變。

所以，讓自己的心情隨時保持備戰，激勵更高的情緒，你的自我改造，就會如順水推舟，容易且不費力！

計畫性生涯決定

在你即將做出自己的計畫性生涯決定前，可以從下面的幾個步驟中獲得更多的啟示，並更加清晰地認識自己。

覺知

覺知的產生，通常是個體對生命的某一層面感受到不滿足或不愉快而引起的。這些不愉快、不滿足的情緒，會使個體感受到需要改變的壓力。如果個體在生活中沒有感受到不愉快或不滿足，就會沉浸於現況而不思改變。而個體對自身及環境的反省覺察是引發改變的動力，有了這種覺知，就會去思考自己的困境及環境狀況，並能定義及界定問題，這樣才能去尋找協助或採取行動。

第三章　增強行動的果斷力

自我評量

以個人的信念、態度和價值觀來檢驗問題，能夠幫助我們發展出與個人自我概念較一致的解決方法。在這個階段，我們要認真地考慮自己想要什麼樣的決定結果以及需要放棄什麼。如果我們不確定自己最希望的結果是什麼的話，就會發生問題。那些過去用依賴或直覺來做決定的人，常常不是很清楚自己的喜好和資源，或不了解自己願意犧牲什麼，這就很難真正了解自己。

探索

探索的目的是要確保我們對於情況和各種選項有充分的資料，以達到最理想的結果。探索包括收集生涯資料，有了各種有關資料，才能從中發展出不同的選項，然後針對每一選項花一點時間去思考其可能的結果及自己的感受如何。當發現有較合意的選項時，再去衡量可能冒什麼風險，以及可能的負面結果與代價多少。在選擇時有兩種不同取向可用，一是把最不能接受、最不合意的選項刪除，留下較合意的；另一方式是把較合意的幾個互相比較，選出最合意的。

統整

在我們做決定之前，必須把所收集到的生涯資料和自己的狀況整合在一起。在整合過程中，我們必須權衡他們的重

要因素，例如，對自己有重要意義的人（配偶、家人或雇主）的意見、經濟資源、時間限制……我們也會發現在整合過程中，自己有時會對自己的信念、態度、價值觀懷疑而再次重估。

對很多人而言，統整的過程並非是平順無阻的，在努力把自己的理想期望轉化到現實環境時，面臨了很多衝突 —— 如自己所想要的和自己認為「應該」的不同；或者是基於恐懼、罪惡而做的抉擇等等。

投身

由於我們不斷地改變、探索、前進，從而到達了我們想要嘗試的地方，但這並不意味著保證成功或可以無所憂懼，它只是代表我們的決定是基於對自己環境的了解，是與自己期望的生活契合的。當然，也包括我們接受無可避免的風險，且願意去認同與投身其中。有時我們不確定自己是否已準備好可以投入其中，但是我們卻知道自己很討厭懸而未決的情況，有時除了去試試看之外，沒有什麼其他方法可以了解某一決定是否正確有效。

有時我們必須選擇其中一項去嘗試，其他的就得保留或放棄。選擇一項就表示刪除其他的，至少是暫時的或永久的放棄。這種決定很難下，我們害怕選錯了，不願意放棄其他機會。但很不幸的是，沒有任何行動或決定是保證「只成

第三章　增強行動的果斷力

功，不失敗」的，唯一能使工作成功或順利的方法是全身心投入。雖然花在某一抉擇上的時間、精力不可能回復，但是只要我們有勇氣誠實地去面對，大部分的決定是可以重新評估及改變的。一心一意獻身於某一抉擇，絕不會毫無所獲。

付諸實行

當我們決定投身於某一抉擇時，就以新的行動或做法來實行這個決定。我們需要收集資料，並開始學習一些有關的技能，參加有關的訓練，以便找到適合自己的工作。因此，我們還需要充實求職及推銷自己的技能。

如果前述的自我評量、探索及統整都做得很好、很完整，在實行時就不會有太多的困難產生。當然，通往任何目標的路上都會有阻礙、挫折，而且實際上的阻礙及困難往往比想像中的多，但是可以藉由停下來檢討以及尋求支援與鼓勵，加以消除或改善。不過，如果在實行的過程中充滿了太多阻力、障礙的話，很可能就是探索工作做得不夠，或目標不夠具體與實際所導致的。

再評估

在決定付諸實行後，採取新的行動，生活形態也隨之改變了。這些改變給個體帶來衝擊，需要一段時間的學習與調適。調適包含學習如何完成工作任務，如何與同事合作及學

習工作所需的技能。

　　面對工作環境及適應工作角色後，個體就會開始檢查這個工作是否符合自己的期望與理想。如果發現這個工作或決定沒有達到預期的結果，則個體會重新評估自己的目標及選擇，然後運用新的資料和經驗，來檢驗是否能產生個人所期待的新改變。

　　有時即使當初的抉擇是正確的，也有很好的效果，但因環境變了、情況變了，也得重新評估情境而改變決定。

　　在做決定或重新決定時，有一件最重要的事要記住，就是「凡事會改變」。我們的信念、態度、價值觀會改變，我們所處的環境也正以未曾有過的快速度在改變。在二十年，甚至五年內我們的許多想法、技能都會過時。所以我們絕對無法保證，我們所做的決定在未來也是可行的、正確的。我們的決定和我們的世界，必須隨著我們成長而改變。

信任自己

　　對自己誠實除了能了解自己目前的處境外，更重要的是，你會開始信任自己。

　　本書旨在幫助你活出一個充實而富含意義的圓滿人生，難道你不覺得信任自己會是一種邁向人生巔峰的利器嗎？知道自己能立下承諾，全力以赴地追求夢想，不輕易食言，豈非是一種很棒的感覺嗎？

第三章　增強行動的果斷力

　　小時候我很愛撒謊，記得有一天晚上，哥哥和我兩個人都矢口否認自己犯了錯，結果父親相信哥哥的說詞，不肯相信我的話。我難過極了，因為爸媽向來對我們相當公平，因此我哭著對爸說他不公平，為什麼只相信哥，卻不相信我？那天我痛苦地學到一個教訓，父親坦白地告訴我說，他沒有信任我，因為我老是說謊，而哥哥卻不會。

　　天啊！記得當時我整個喉嚨都緊了起來。那已經是很久以前的事了，可是我還記得自己正想放聲大哭之際，卻又戛然止住。父親坦白無私的話，幫我擺脫了原有的行為模式，而開始思考自己的自我期許，我並不想當個放羊的孩子啊！父親說得一點兒沒錯，雖然我從未刻意去想，但我很清楚自己是愛撒謊的，而我的習性使自己的親生父親也不相信我了。

　　我問父親該怎麼做才能博得他的信賴，他回答說只要我肯講實話就行了。要多久才行？我又問。父親並無嚴懲我的意思，只是誠實地表示，他覺得至少得兩年的時間。對一個十三歲的小孩來說，兩年並不算短！可是我還能有別的選擇嗎？從那天起，我費盡心力才能說出實話，並信守對別人的承諾。多年來，我如果背信，就會感到痛苦與自責，我會重新演練當時的情境，試圖找出錯誤之處，設法讓自己不再失信。

　　然而雖然從那次教訓後，我開始懂得珍惜自己對別人說的話了，但卻從未想過，對自己守信也是很重要的。

　　自我信任是自我接納的關鍵，想要信賴自己，就得信守對自己的諾言。

　　有些人不斷地對自己失信，拚命做些其他的事，卻又一心記掛著對自己的承諾，這就是所謂的拖延，拖延顯然會帶來壓力。當我改掉拖延的習性後，心中產生了極大的平靜，使我能夠去擁抱許多美好的事物。

▌步驟十二　生命是一次未經商量的旅程

生命是一次未經商量的旅程

　　你登上了一艘冒險船，開始了永無止境的生命旅程。凝視一望無際的大海，你無法辨認前方。你並沒有選擇這次旅行，選擇什麼時候啟程，從什麼地方出發，也沒有選擇誰做你的旅伴、選擇旅途的周遭環境乃至幫助或阻礙你成長的氣候。這次旅行是未經任何人與你商量就發生的，實際上在你還沒有任何意識也沒有能力跟人商量的時候就已經啟程了。

　　問題不在於變化還是不變化，因為變化是所有旅行都必然發生的事情。問題在於是否能控制變化的進度，使它為你服務而不是跟你作對。如果你對頭腦的工作方式有較多的了解，就會比較善於與那個不可避免的變化過程合作，而不是跟它對著衝突。

第三章　增強行動的果斷力

每個人都在為自己工作

　　每一個人都是一個自我僱傭者，不管你是為自己工作，還是為他人工作，每一個個體都要努力為自己的公司做出盡可能大的貢獻，以確保它利潤的增加，維持它的生存。

　　下面介紹的優秀公司所具備的八個特徵是透過大量的調查研究得出的結論。這些公司使他們的員工做大限度的「輸入」，並把消費者置於至高無上的地位。請你考慮一下，你在自己的職位上應當怎樣做才能使你為之工作的公司提高競爭能力？

> **高水準的交流與溝通**：優秀的公司都十分注重發展員工縱向與橫向兩個方面的聯繫以及各個階層員工間的交流與溝通。它們努力地透過各種方法將員工們的才能和創造力集中地導向有價值的方面，鼓勵全體員工們盡可能多地舉辦各種非正式的討論和會議，不論是午餐會的形式，或是以口頭形式或書面形式。

> **精幹、不拘形式的公司結構**：這有利於加強員工之間的聯繫，便於員工個人參與決策的制定過程。一個正式的有階級結構的組織，不可能為所有員工提供全方位的資訊交流管道。所以優秀的公司便經常透過成立專門小組或以任務攻關的形式來處理多項問題交叉的難題，如品

質控管問題等。許多公司把一個部門裡的人員由十二名到十四名縮減為三名，有的公司乾脆取消了所有管理階層。

➤ **高度授權**：優秀的公司將權力委派給適當職級的個人或部門，以使在這一層次工作的人員能充分發揮他們在知識和經驗方面的專長。這種方法既調動了個人的創造力和積極性，又使上層的管理部門能將精力集中於更重要的事情。這種授權與其說是管理上的革命，不如說是企業機構的進化。與顧客直接打交道的員工所處的位置比中階和高階層管理人員能更清楚市場的變化和發展趨勢。

➤ **高度明確的責任制**：所謂高度明確的責任制，是使公司的每個員工對公司承諾做出的貢獻與相應得到的授權及其履行的過程承擔完全責任。這種制度可以培養員工具有高度的被信任感，從而勇於承擔更多的責任和義務。這種責任制適用於正式的和非正式的團體，它可以使這些組織中的每一個成員都對他們所提供的情況和做出的決策承擔個人責任。

➤ **表彰成績卓著者**：每個員工都希望他們個人所做出的努力，特別是對部門或公司所做出的努力得到承認和表彰，都希望自己是一個成功隊伍中的一員。優秀的公司

第三章　增強行動的果斷力

為他們日常的經營和每天的各種活動都建立起一套積極的表彰制度，他們關心員工的需求，並能找到適合的方式使員工感到自己的出色表現是被重視的，感覺到自己在公司裡的重要性。

➤ **明確的策略與目標**：整間公司的明確的策略目標是由市場決定的，並且要特別強調以下幾個方面：

· 不要只考慮利潤不考慮生產；

· 不要只考慮股東的利益而忘記了消費者的利益；

· 不要只重視數量因素（成批生產、大量運輸、批發銷售），不重視品質因素（產品品質、人的品質、生產過程的品質）；

➤ **高度的創新精神和創造力**：優秀的公司持之以恆地透過發揮員工們的創造力提高其工作效率和產品品質。他們培養員工對公司事業的忠誠，使員工們了解到，每個人的努力都與公司的成功緊密相關，並不斷努力使員工保持高昂的士氣。這其中最重要的是管理者與員工們之間的關係問題。理想的管理者應當在每個員工面前表現出他對工作有更大的幹勁。監督管理人員必須產生「推進器」和「催化劑」的作用，他能最大限度地調動起員工個人的奮發向上的精神，並將這種精神引向公司的主要目標。

十分明顯的，如果能夠有效地將員工們的聰明才智集中起來並投入工作，生產效率和產品品質都會大大地提升。實踐顯示，生產率的提高，50%是來自員工們的建議以及他們在產品設計和生產過程中的參與。

例如，1980 年，日本豐田公司有 48,747 名員工，他們提出了 859,039 條建議，平均每人提出了 17 條，其中 807,497 條建議被認為是具有採用價值的，從而節約了 3,000 萬美元的開支。

➤ **企業精神和企業文化**：良好的企業精神和企業文化可以促進：

- 人們的靈活性、生產工序的靈活性和解決問題的靈活性；
- 公司資源在關鍵性的商貿活動中集中；
- 將顧客的難題理解為商業機會，努力滿足顧客的各種需求。

以上八項特徵，其目的都在使最終的消費者 —— 這位支付全部帳單的人感到滿意。在自由的市場經濟社會裡，消費者都有自己選擇的權利，人們只有在某種程度上相信一個企業真正地關心他們的利益、能夠滿足他們的需要，並使他們得到應有的尊重，才會去光顧它。

最後，我們應該了解到，我們所有的人都在經商，每個

第三章　增強行動的果斷力

人都代表了一個服務機構，為了生存和發展，我們必須在市場中競爭。為了能為你必須提供服務的企業增加價值，你能做些什麼與他人不同的工作？這是一個值得認真思考的問題。

改變者勝，不變者敗

1. 你是喜歡改變，還是害怕改變？為什麼？
2. 當你發現新的事物、資訊出現時，你會如何告訴自己？給自己什麼樣的訊息？
3. 如果改變並不能如願？你又是如何告訴自己的？你會賦予它什麼意義呢？

社會的瞬息萬變，已到了令人驚心動魄的地步，常常只要你稍一疏忽，一鬆散，你就發現，新的東西又出現了，舊的又被淘汰了，你又再一次驗證「不進則退」的慘痛教訓。

曾經有過這樣一句話：全世界唯一不變的是 —— 時時刻刻都在改變。

如果你不機警地跟上社會的腳步，很可能你會落伍得越來越厲害，如果你不靈敏地察覺改變的脈動或徵兆，你就很容易被時代淘汰。

相信你也不喜歡「陳腔濫調」，欣然地面對改變，可能是更有利的人生態度。而且，整體看來，改變通常會是好的。

　　有這樣一個寓言故事：有一隻小鳥，要飛到南方去避寒，可是牠太瘦小了，飛了一段距離就因為體力用盡而掉落在雪地裡並且暈了過去。

　　正巧有一隻烏鴉飛過牠的上空，拉了一些大便，並且不偏不倚地掉在牠頭上。

　　小鳥原本冰凍的身體因為溫熱的大便而暖和起來，小鳥清醒了過來，顧不得大便仍蓋在自己頭上，就高興地又唱又叫起來。

　　此時一隻餓得快暈倒的貓，遠遠地聽到有聲音，跑過來一看，怎是一坨會動的大便，就伸出爪子撥掉大便，原來是一隻小鳥，二話不說，一口便將還來不及反應的小鳥吞進肚子裡。

　　這個故事告訴我們：事情原本就沒有絕對性的好與壞，但是因應改變，而且知所進退，讓自己因為改變而更好，而不是更糟，那才真正有改變的價值。

　　現實生活的過程中，試想，如果長久以來你都不曾改變，那麼你的成長在哪裡呢？如果你一直都安於現狀，你有辦法面對競爭，爭取勝利嗎？

　　如果你只是害怕改變之後的無法預期或控制，建議你換另一種角度想想：如果別人都一直在改變，不斷地進步，而你依然故我，請問：你有沒有可能面對的是更無法控制、無法預期的狀況？

第三章　增強行動的果斷力

許多時候，擔心是多餘的，欣然地面對改變，勇敢地接受挑戰，可能才是你「全新改造自己」的轉捩點。

人生是由一連串的改變所形成的，當你的環境、教育、經驗、吸收的資訊、想像產生了變化，你由內而外的各個生理與心理的關卡，多多少少都會產生不同程度上的變化。

改變就是機會，只要你妥善的因勢處理，就會是好的機會與開始。而且，只有良好的自我改變，才是改變事情、改造狀況，甚至改變環境的基礎。

就從自我的改變開始吧，加油！

人人都有成功的權利

有許多荒唐的說法，認為只有有錢人才能成功；只有力氣大的人才能成為舉重冠軍；只有漂亮的人才能得到所希望的一切⋯⋯我們當中有很多人都由於這些說法對自己產生了誤解，其實這是不對的。

事實上，無論在歷史上還是在現代，都有許多人克服了身體上的嚴重障礙而成為成功者：

史蒂芬・霍金患有神經系統疾病，講話非常困難，整天坐在輪椅上。但是，他研究理論，對於了解宇宙做出了非常重要的貢獻。

海倫・凱勒雙目失明，又是聾子，卻學會了讀書寫字，最後成為傑出的作家。她到拉德克利夫學院去上學，1904 年

以優異成績畢業。後來，她到處遊歷，透過寫文章和演講宣傳盲童應當有受教育的機會，成年盲人應當有學習技術和就業的機會，為盲人的公益事業做出了很大的貢獻。

土魯斯‧羅特列克罹患侏儒症，身體畸形，但是他創作出優秀的繪畫作品，被譽為印象畫派的大師之一。他雖然身體矮小，如今卻被視為偉人，至今他的作品仍被廣為傳頌欣賞。

這些人的生命中都有一些難以逾越的障礙，然而，他們卻克服了障礙，獲得了成功。我們可以很直接地推斷，假如他們把自己富有創造性的寶貴光陰，花費在怨天尤人上，他們就絕不會獲得任何成就，而只能日漸衰老地度過平凡的一生。

成功的人都知道，他們所依據的法則並非由命運來決定一切事物，他們相信事情的開始與結束都不是偶然的，見識淺薄的人才會相信命運，而睿智堅定的人們卻相信他們的信念。

預備，讓你事半功倍

1. 有什麼事是你未來勢必要做的？請將它們全部列出來！

2. 有什麼能力是你未來一定要具備的，請將它們全部列出來！

3. 我有哪些途徑可以預先知道這些資訊，學到這些能力，來源何在？

在世界上有三種人，第一種人是：讓事情發生；第二種人是：看事情發生；第三種人是：不知道發生什麼事情。

如果你是第三種人，那麼你需要立即行動來調整自己吸收資訊和知識的方式與習慣，並隨時做自我評估和調整。

如果你是第二種人，你需要將動作做得更早，而且各項計畫安排乃至實際的執行都一樣要提早，不要給自己太多鬆懈和藉口。

如果你是第一種人，恭喜你！保持積極主動的態度和做法，並隨時將能量釋放出去，帶動別人，那會是你成功的利器。

「預備」是在人生經營上非常重要的觀念和態度，如果你在事業發展、人際互助、親子教育、情感經營、健康、理財、成長……各方面，均能用「預先」的方法做規劃與執行，而不是只有以「等待」的方式來決定如何地應對，才不會落入「挨打」的局面，就比較可能控制局面。

為自己做一些預先的規畫及投資，那會在無形中為你省下相當多的時間和力氣，迴避掉部分可能出現的風險，就像打網球一般，只是防守底線絕對比不上積極上網的攻擊力，發球前，先思考一下。

如果你是學生，先預習明天的課程內容，可以增進你的學習效率；如果你是上班族，若預先做好明天或往後的計畫，會讓你有效地控制進度；如果你是老闆，預先做好事業發展計畫，多看多聽多學習。

準備越充分，就有可能做得越順手，心理也會因狀況能控制而較安定。「準備」是成功必備的階梯！

看待人生的方式

本書要談的是如何看待人生，書中所談的每件事都是一種模式：重點是如何找出最適合你自己的人生模式。任何人生模式對不容置疑的事實真相都抱持肯定態度，然而當事實曖昧不明時，所持的態度、看法與信念便會有所差異了。以下幾個例子就可闡明：

- ➤ 滾石不生苔；蟄伏者才能高飛
- ➤ 機會稍縱即逝；魯莽行動誤事
- ➤ 偷懶的人注定失敗；莽撞的人才會往火坑裡跳
- ➤ 別以貌取人；情人眼裡出西施
- ➤ 發亮的未必都是金子；事出必有因
- ➤ 天才必勝；持之以恆的人才能獲勝
- ➤ 吃得苦中苦，方為人上人；笨蛋才會一味地工作不懂得享樂

第三章　增強行動的果斷力

➤ 要怎麼收獲先要怎麼栽；隨遇而安

➤ 未雨綢繆；人要懂得及時行樂

➤ 屢敗屢戰；第一次上當是經驗，第二次再上當就是傻瓜了

➤ 追根究底；眼不見為淨

➤ 老狗學不會新把戲；活到老學到老

　　為什麼有這麼多相互矛盾的諺語，到底哪個才是「對」的？答案是，問題不在於孰對孰錯，只要能適當地引用這些古人的智慧，便能使人受益，若只是拿它們來當藉口，或逃避自己想做卻又不敢做的事，便毫無益處了。

　　人生最重要的不是找出生活的規則——因為規則會隨時間變動。最重要的是認清何者對自己最重要，並配合著行動。

　　如果接受某種意見、態度或信念後，會使你窒礙難行，那麼就別去接納它！若某種態度或信念不斷地干擾你想做的事，也許便得重新予以檢討了，看看它們究竟是怎麼來的？

看大不看小，成功近不了

1. 你有沒有眼高手低、看大不看小的態度？你會不會因為眼前不怎麼樣就不想去接觸？為什麼？

2. 你會不會執著於原有較好的事物，而不願去接納一個可能更好但初期並看不出實際成果的新事物？為什麼？

3. 你可以隨時放下姿態，去做新的改變嗎？

　　幾年前，林先生為了將一種葡萄牙式辣味烤雞引進臺灣，便開始動手收集速食的龍頭「麥當勞」的各式資料，書本、雜誌、報紙乃至於店內餐盤的紙墊，他都不放過，只希望能透過這些資訊來一窺「漢堡大學」的精緻殿堂。

　　在請教過許多曾在麥當勞工作的朋友，並仔細研讀相關資料後，林先生決定用最直接的方式去了解它，於是林先生寄出了履歷，應徵麥當勞的實習經理。

　　雖然林先生沒有持續在麥當勞工作下去，不過短短幾天內，他已將工作過程中的每一個炸、切、組合等步驟全部歷練過，再學習開店、關店，以及拖地、掃廁所、清理廚房……整個營業過程中的每一個細節都參與過。

　　而等到真正去國外學習技術轉移時，更是一種挑戰，原本最不擅長廚房家事的他，在三個月中，幾乎日日與廚房為伍，由中央廚房的配料製作、肉品處理，到門市廚房的煎、烤、炸各式手藝，都一而再地實際操作。

　　九十天下來，林先生以高分通過門市實務測驗領到了三張葡萄牙式餐飲的廚師執照，在他人生中，這真是令他無法想像的「不可能的任務」。

　　由小處開始，再放眼全局，不要好高騖遠，更不能放不下身段，那只會限制住你自己的發展。

第三章　增強行動的果斷力

常常聽到某些人說：哎喲！公司這麼小，人這麼少，我才不想到那邊去上班呢！

或是：如果職務不是經理以上，我才不做呢！

而這種高高在上、不願屈就的心理，卻也常常讓不少人平白失去一個大有發展的好機會。

所以，如果你真的希望能夠改造自己，不要忘記，先讓心態歸零，能從最簡單、最基本、最細緻的地方開始，才是最扎實的改變與突破的方法。

不要抗拒小的起點或低下的角色，因為沒有他們，過程就無法開始，成果可能也不易圓滿！

大部分的企業，都是由最初小到只有創業者一個人的艱苦奮鬥開始，而逐步開疆辟土，發展出來的。也正因為有這些簡陋而基本的過程，才累積出更多的能力、人脈、資源和成果。

改造自我，若沒有踏踏實實由小處做起，很可能短期會有所爆發，但實質上卻浮而不實。聚沙成塔，一小步一小步的來，你總有達到目的的一天。

告別種種原因、藉口與理由

隱瞞自己的能力 —— 明明辦得到，卻矢口否認 —— 這還不夠糟，我們好像非得把問題弄得更嚴重不可。以下這段對話，是我們從會說話以後就學到的：

步驟十二　生命是一次未經商量的旅程

「你能不能做這件事呀？」

「我沒有辦法。」

「為什麼？」

「因為……，所以我做不到。」

我們不但欺瞞自己的能力，接著還編造藉口，為自己找臺階下。如果我們越說越得心應手的話，最後就連自己也開始相信這些藉口了！別人也會相信嗎？不見得吧！你有沒有認識那種凡事都找得出理由的人？而且不管他們的藉口編得高不高明，事實卻是工作永遠沒辦法完成，但是也有些人總是能把事情做完。所以，不管你的理由有多麼堂皇，結果是不會改變的。

原因、藉口與理由 —— 它們就像法庭上的證據一樣，都是拿來為自己的決定或行為做辯護用的，就好像當初盡力做出的決定還不夠好似的。「我辭職了，因為老闆太霸道。」「我六個月沒休年假了，所以要休假。」然而其實除了老闆的脾氣外，辭職原因還有許多。也說不定六個月後，你全身心投入工作，根本不想休假。許多決定都是出於直覺，出於對整體生活的考量與個人的性格，你其實無須為每件事找理由或辯解。

當你編造藉口，或為自己的決定找理由時，不妨將焦點集中在自己的夢想上。如果你決心追夢，就不需要任何理由或藉口了。

第三章　增強行動的果斷力

　　弄清楚自己的想法，你是希望今晚能好好放鬆一下，還是不想省錢或節食，只想吃一頓義大利比薩？如果是這樣的話也無所謂的，請誠懇地生活，因為只有清楚自己的現況，才能明白自己的方向。

滿足是思想上的一種貧窮

　　在約翰·史坦貝克的名為《珍珠》的短篇小說中就目標說了一段很透澈的話：

　　「據說人類總是貪得無厭、永不知足的。當他們的一個欲望滿足後往往會祈求更多。這是一種貶義的說法，但這也是人類的一種偉大的個性，它使得人類優於獸類。獸類總是滿足於它們所獲得的一切。」

　　我們假設你學習開車的想法發生了變化。有一天，你回到家中坐在床上想：「我要去學習開車的技巧，這是我的夢想。我要為自己設立目標，讓夢想成真。」於是你看看今天的日期，是 2023 年 1 月 2 日，你在一張卡片上寫道：我將在 2024 年 1 月 2 日拿到駕駛執照。

　　你把這張卡片放在了櫃子上，以便你每天都能看到它。這張小卡片改變了很多事情。如果你真的在一年之後拿到駕駛執照，那麼你還需去做許多事情，首先你要知道自己該怎麼做才能拿到執照。於是你決定到駕訓班去看看並對此進

行諮詢。你的年齡很合適。你所要做的就是去參加駕訓課。你要練習五十到六十小時的駕駛，還要經過筆試才能拿到執照。而且學費並不昂貴，你的薪水完全足夠支付這筆費用的。

　　現在你該做什麼：馬上去報名。沒有什麼能夠阻止你，這是再簡單不過的事情了。你每週要上一堂課。為了順利通過考試，你要掌握所有的駕駛知識。毫無疑問的，你在 2023 年 1 月 2 日表演的單人開車會令你順利地拿到執照，事情就是這麼簡單。

　　你能夠做到你想要做的事情，如果你決定去做的話。

　　一旦你確定了目標，那麼一切都會按部就班地進行下去，直到你實現這個目標。

　　想一想你的人生。在你的一生中，你也許有過許多夢想。你一定曾想「有朝一日」要做到許多事情，先為自己設立一些清晰實在的目標，然後你要採取行動，腳踏實地向著這些目標努力。這也就是我們常說的：「好的開始是成功的一半。」有些事情當你開始去做時，就已能夠預見其必然會出現的結果。行動起來，為夢想而奮力打拚時，這些夢想便已不再是夢，而注定了要成為現實。

第三章 增強行動的果斷力

追求優秀就是最大限度地履行職責

　　最優秀的人不是一下子就變得優秀的，恰恰相反，他們是努力學習必要的技能，獲得必要的知識，以使他們承擔的任務完成得比別人更好而逐步變得優秀的。他們是樂於奉獻的人，他們是熱愛自己事業的人。他們實際上不是像其他人那樣是在自己的領域內「工作」，在他們那裡，工作可以定義為 ── 做自己最喜歡做的事。無論你認為「優秀」是什麼，優秀都是轉化為愛的工作，優秀都會轉化為完全的職責，追求優秀就是最大限度地履行職責。

　　許多事情，實際做的時候看上去區別是那麼微小，但其結果卻可能差別極大。1980 年 7 月 5 日星期六，在英國傳統的溫布頓網球公開賽決賽階段，在柏格和馬克安諾之間進行的比賽就是一個很好的例證。他們之間五盤的比分依次是 1:6，7:5，6:3，6:7，8:6。這樣一來柏格第五次贏得了溫布頓決賽的冠軍。柏格勝了二十八場，而馬克安諾贏了二十七場，大約只有 4% 的差別，但是柏格獲得了五萬美元的獎金，而馬克安諾卻只獲得二萬五千美元，差別 100%。

　　最優秀的人自然會得到最豐厚的收益，他們所得到的報答遠不只是物質上的和情感上的；他們除了得到高水準的生活享受之外，還可以獲得更大程度上的獨立和自由。他們能夠以更愉快、更充實和更積極的態度對待自己，對待自己的

職業和對待周圍的人。他們很少會感到迷茫失望和身體不適；無論做什麼事情，他們每次都能圓滿地完成任務，這使他們的自信心和自尊心隨之增強；他們善於在不利的條件下重新振作起來，以更加充沛的精力去迎接挑戰；他們樂於助人，也樂於接受別人的建議和批評；他們能夠創造性地解決問題；他們在工作中能夠與人密切合作。這樣的人，並不是在任何方面都非常突出，而是在某個關鍵領域更有競爭力。這就是一個人應該怎樣使自己變得優秀的奧祕。

與淺薄的自尊心對話

淺薄的自尊心對人的個性和行為有極大的負面影響。大多數心理學家認為，淺薄的自尊心比任何單一因素的影響力都大，它是千萬種心理失調的根源，是使人的各種情感受到汙染的主要原因，也是造成今天社會上種種悲劇的原因之一。那些不承認自己是珍貴而高尚的人們，對自己抱有十分低級的看法，在他們處理與他人的關係時，總是表現出灰心喪氣的情緒，總是覺得沒有安全感。其最基本的原因，是他們缺乏現代社會的良好心態和思考方式。

看看下面的例子就可以了解淺薄的自尊心是如何成為束縛人的鎖鏈並使之畫地為牢的。

假設一個人可能陷入下列令人煩惱的境地，分析一下在

第三章　增強行動的果斷力

發生下列情況時，會出現的自然的因果關係。

- 事件，它不受你的直接控制和引導；
- 知覺，它在你的控制和引導下；
- 自我交談，它在你的控制和引導下；
- 情感，它不受你的直接控制和引導；
- 行為，它不受你的直接控制。

➤ **事件**：雖然你資格足夠、教育良好，但你又一次失去了晉升的機會。而另一個年輕人被選中擔任產品開發部的新經理。

➤ **知覺**：他人比你幸運。公司寧願把位置給予年輕人，公司裡對他的評價高於對你的評價。

➤ **自我交談**：「我不配，我不能勝任，我不是一位稱職的員工，被選中的人比我強。」

➤ **情感**：否認，不安全感，不高興，垂頭喪氣，不滿和失望。

➤ **行為**：興趣下降，熱情降溫，並對現有的工作缺乏幹勁，這一切造成表現下降。

➤ **結果**：你無法證明在你的自我交談中，你的虛偽的解釋是正確的。在這一過程中，你自己製造了一個現實上並不存在的問題。注意，只要你改變你的知覺和你對自己

進行的自我交談，就會改變你的情感和行為。

例如，你只要把在內心自我溝通中的話語去掉「不」字，就會變成：「我配，我能勝任，我是一名稱職的員工，我和被選中晉升的人一樣棒。」

▌步驟十三　我們總是在為自己做決定

我們的自我懷疑與優柔寡斷常使結果變得更糟，因為猶豫不決也是另一種決定的形式。

我們若任由他人為我們下決定——等於決定由他人來為我們安排，這也是出於自己的決定。如果說是交給那些比我們更富經驗或資訊的人來做，那還無妨，但我們往往只是因循舊習，或擔心自己的決定不足以成事罷了。

自信──自卑核對表

如何才能知道自己的信心是否堅定呢？當你做完以下的測驗，結果便馬上知曉。

- ➤ 你是否會將過失轉嫁給別人？
- ➤ 你是否常在家裡或辦公室裡發脾氣？
- ➤ 在人前，你是否會十分在意別人的想法，甚至變得膽怯？
- ➤ 你是否常在回憶光榮的過去？

第三章　增強行動的果斷力

➤ 面對陌生人時，你是否會害羞？

➤ 你是否會對陌生的事情感到害怕？

➤ 你是否害怕失去工作？

➤ 你是否害怕找不到工作？

➤ 和上司交談時，你是否感到局促不安？

以上答案中只要有一處是肯定的，就表示你的自信正亮起黃燈。你必須替自己謀求更高更堅強的自信。

增強自信所需的五條基本認知

自信不能單看一件事

是否自信不能單看某一件事，而是要從多方面去看。

吉兒在與朋友們討論她們曾看過的一部影片時，她是沒有信心的；但是她到農村去看她的姨媽時，在鄉間找路卻不成問題。當她迷失方向時，就停下來找人問路，從不因迷路而責怪自己。與她談過話的許多人都談到類似的經驗。其中有一個人曾認為她永遠也看不懂稅務單，她感到學習起來太困難，只好承認這是她的一門缺修課程，然而她卻能帶著滿腔的精力和熱情帶領著一個體操訓練班。與吉兒談話的人當中最有自信的是她的一位表哥，他是一個服裝店的採購員。然而儘管他的成功是眾所公認的，他也承認時常會出現缺乏自信的情況，特別是在訓練他的下屬職員時。他知道他對自

己的工作很熟練，但是他是透過非常艱苦的學習途徑，把自己投入到最基層的工作，才一步步獲得成功的。新分配到他這個部門來的年輕職員，帶著學院派的理論，講著一套套他私下裡稱之為「流行語」的語言，然而他內心卻擔心他們有點太聰明了。使他特別感到迷惑不解的是有些根本不需要訴諸文字的普通常識，卻被標上種種專用名稱寫進了教科書，遠離了他所熟悉的現實生活。吉兒由此得出結論，你是否感到自信取決於你在做什麼事情。在自己身上貼上一個「不可救藥的缺乏自信」的標籤，就是無視於你有時自信有時不自信的種種不同情況之間的差異。

外表可能給人錯覺

有些人儘管並不自信，外表卻看似非常自信，就好像他們明知道自己可能會犯錯，把事情弄糟，或者做出一些蠢事，但是卻擺出一副事情最終都能順利解決的樣子。吉兒的朋友，一位實習護士說她在第一次實習打針時，心裡想到的是老師的教導，萬一遇到意外情況可以求助於身邊哪位比較有經驗的護士。為了使病人放心，她掩飾了內心的恐慌。當她全神貫注於手上的工作時，她發現已經沒有餘地來容許恐懼鑽漏洞了。每一位與吉兒談話的人都能記起某些曾使他們感到恐懼或戰慄的事情。吉兒才明白原來大多數人的內心感

第三章　增強行動的果斷力

覺並沒有他們外表所表現的那麼自信。

信心來自行動的過程

與吉兒談話的所有人都同意信心來自於行動的過程。在你會騎腳踏車或開汽車之前，你都得先學習一段時間。信心隨實踐而成長，透過實踐你才了解自己確實能夠做哪些事情。當你還是一個新手時，錯誤當然是難免的。犯錯誤實際上也是學習過程的一個重要組成部分。人人都會犯錯誤，錯誤只有在損壞你的自信的情況下，它們才會成為你前進路上的絆腳石。要學會蔑視它們，嘲笑它們，以及其他一切糾纏不清的事物。如果你想逃避一切錯誤，就等於停止學習。

缺乏自信在各方面的影響

➤ **思想方面：**

- 我不會。
- 那太難了。
- 我不知道怎麼做。
- 也許我處理不了這件事。
- 我做不好，別人會做得更好一些。
- 我簡直不知道該做什麼。

➤ **情緒方面：**

- 憂慮不安。
- 對前途憂心忡忡。
- 擔心，特別是為即將來臨的困難發愁。
- 挫折感，對自己生氣。
- 對未知的事情或新情況心懷恐懼。
- 怨恨 —— 別人為什麼這麼容易？
- 沮喪，垂頭喪氣。

➤ 行為方面：

- 消極被動，把自己隱蔽在不引人注目的地方。
- 不敢提建議，不敢往前靠。
- 搪塞推諉，凡事落在後面。
- 盡量不接受新鮮事物，不改變生活方式。
- 即使已經知道答案，還想求別人幫助和勸告。
- 凡事猶豫不決，總要靠別人加油打氣。
- 開會坐在後排。
- 要求別人一再保證。
- 缺乏自信在身體上的症狀
- 彎腰屈身，畏手畏腳。
- 不敢正面看人。
- 神情緊張或神經過敏。
- 懶惰遲鈍，死氣沉沉。

第三章 增強行動的果斷力

人們是按照你對自己的估計來看你的

吉兒向朋友借用一臺音頻放大器出了故障。她感到非常懊惱,她對朋友說:「很對不起,我真不知道我是怎麼弄壞的。」她以為音頻放大器出了故障是她的過錯。而她的朋友也信以為真,沒有注意其實他自己用時也曾出過類似的故障。後來大家才發現是電源線掉了,這種情況是經常發生的。吉兒的道歉以及當時朋友對自己懂機器的評價,把他們兩人都引入了歧途。也就是說,她在還沒有犯罪之前就自己認了罪。而他呢?在面對事故的原因連想都沒有想的情況下就認為別人犯了罪。吉兒開始重新考慮她那種老是愛道歉、對所有遭遇到的麻煩事都覺得自己有責任的壞習慣了。

以上這五條認知,再加上以下四條指導策略,為你提供開始建立自信的基礎。

建立自信的四條策略

反覆實踐

第一次顛勺翻煎餅,它可能被你翻得很遠,或掉在地上。練習到後來,你就會很輕易地把它們翻面了。要把建立自信變成你的一種習慣,就是說,你要抓緊一切機會反覆練習另外三條策略。不要等到你特別脆弱時才想起要建立自信。在你精神振奮的時候,也要想到這件事。它就會漸漸成

為你的一種習慣，一種實用技巧，等到你真正需要自信的時候，你內在的自信就會越有把握。

做出「好像」的樣子

阿帆十六歲的時候，隨父母坐飛機去吉隆坡。在著陸前幾分鐘，飛機突然被捲入了一場強烈熱帶風暴的氣旋。這時飛機上的汽油已經不足以飛到另一個機場。駕駛員只好強迫著陸，此刻機場的跑道已經淹水，並已禁止其他班機著陸。飛機的周圍雷電閃閃，成排的救火車等待在跑道邊上。當飛機突然下降時，有人嚇得失聲尖叫起來。阿帆緊緊地抓住座位的扶手，而這時她的父親卻平靜地坐著，繼續看他的書。他只要能看得見，就照常翻頁，照常將眼睛停留在書中的字上，從他身上發散出的這種自信氛圍幾乎可以觸摸得到。這種氛圍擴散到他的周圍，不僅幫助了他的家人，也幫助了周圍的其他乘客戰勝當時的恐懼心理，同時，也幫助了他自己。其實他的內心也是焦慮的，但是他做出了好像充滿自信的樣子，從而幫助自己和他人增強了自信。

當你處於缺乏信心的時候（比方說你正在接受老闆的面試或拜會老闆），不妨問一下自己：「如果我真的很自信的話，我應該怎樣表現？」「如果某某處在我的位置，他將怎樣表現？」（某某是你所認識的一個頗為自信的人）採用自信的表現──姿態、行為及思想，就是你增強自信的開始。

第三章　增強行動的果斷力

不要過於自責

　　因為過去的失誤、慌亂和失敗而嚴厲自責，實際上那是在為你內心的那個動搖不定的聲音添加氧氣。你應該切斷它的氧氣供應，代之以另一種鼓勵的聲音。試想你有一位監督人，他的任務就是把你身上的最大優勢開發出來。那麼他會在你的耳邊講些什麼鼓勵你的話呢？將這些資訊放大，你就能聽見他更加響亮、更加清晰的聲音了。

善待自己

　　善待自己是一條非常重要的策略，然而在我們社會中卻對它正視不足，這是建立自信的一條關鍵性策略。缺乏自信問題的根源就在於習慣於懲罰自己，而不去尋求獎賞和歡樂。扭改掉這種壞習慣，正確對待自己，你的自信心就會逐步成長。

努力，讓你命運更好

1. 你喜歡自己嗎？你愛自己嗎？為什麼？
2. 你覺不覺得自己還有更大的空間可以成長、進步？你覺不覺得自己可以改造得更好？為什麼？
3. 你認為自己的包容力大不大？可塑性強不強？為什麼？

　　有這樣一個真實故事：一位年紀四十多歲的先生，當他

步驟十三　我們總是在為自己做決定

十幾歲離開家鄉到臺北時，身上只有五塊錢，而現在已經是生活富裕、家財萬貫了。

二三十年前的臺北橋頭，有著一種很特殊的景象，因為當時機動車輛非常的少，臺北橋由三重方向過來還算好走，但是在臺北的另一頭卻是一段陡坡，所以，很多由臺北到三重的人，都要費很大的力氣才能走到橋上平順的路段，而一些載重貨的人力車，如果沒有其他人在後協助推動，根本無法上橋，於是就有一群在此以幫別人推車上橋的苦力產生！他們每天在臺北這端的橋頭，在車主同意下協助推車，以賺取微薄的酬勞。

這位先生便在臺北橋頭展開他闖蕩的生活，也因為時常推到同一輛車，而和車主成為朋友，其中一位老先生便常接受他的服務，但老先生通常沒有立即付錢，經常過一段時間才一齊結算。

有一回，這位先生已經幾乎快一年的時間沒有收到老先生給的錢，近年關時，老先生跟他說：我實在沒有錢可以給你，只剩幾塊不值錢的地，就過戶給你，抵押我欠你的錢好了！

他向老先生抗議：他手頭急需用錢，給土地實在沒有救急的作用。可是在老先生無法拿出其他任何的金錢與物質之下，他也只好無奈地接受。

事隔約一年，突然有人找上門來，跟他談土地的事情，

第三章　增強行動的果斷力

　　他這才想起一年前老先生將土地過戶給他的事，因為與建築商合建房屋，所以他居然分配到了數棟新房子，從此以後這位先生開始運用房地產累積財富，最終獲得成功。

　　或許看到這裡，很多人會認為他的命運很好，也或許會有許多人是以金錢財富來衡量一個人的成就與成功的，但如果你們知道這位先生時常是在酒吧裡泡時間，以宿醉來換取生活的意義，你還會有同樣的感覺嗎？

　　如果今天你沒有「主動」到哪個地方去努力地工作，好的機會與命運會降臨在你身上嗎？如果你到了那個地方卻又不努力，或自行放棄，你可能會得到那所謂的「好運」嗎？

　　記得有位前輩曾說過：你知道一個人為何會遇到「貴人」嗎？因為他先讓自己「貴」起來。如果你並沒有相對的條件與能力，即使好運、貴人遇到了你，你都不見得能抓住機會！

　　越努力、越主動的人，往往他可以比別人爭取到更多的機會，這是所謂的「好運」嗎？當然，命運可以透過規劃、努力與堅持而獲得，放棄的人永遠與幸運無緣！無限的潛能，正等著你有計畫地逐步去開啟。

　　珍惜你的所有，謹慎地做出你的選擇，把握你的機遇。人生，是可以由你自己來掌握的。

訓練高水準的講話方式

與高水準的思想相關的就是高水準的講話，這能使你清晰地表達出自己的觀點。

假設你問一個在雜貨店工作的人你喜歡這份工作嗎？他可能會回答說：「我討厭這份工作。連猴子都能做這工作，但我沒有其他的辦法，今年夏天必須在這裡打工。」

我們現在將他的回答與下面這段文字比較一下：

「我從這份工作中學到了很多東西。我希望自己將來能在零售店工作。我也喜歡雜貨的生意。食品與人類的生活息息相關，而某些零售店卻缺乏食品的進貨管道。我的目標是要了解雜貨店內的每份工作，以便將來自己也能經營一間。儘管現在我還只是這裡打雜的，但下一步我就要去清點存貨，這樣我就能學到關於盤點方面的知識，接下來我還要去做出納。一旦我擁有了這裡所有工作的經驗，我就具備了做一名經營者的資格。」

第一種回答說明這個年輕人一點兒也不在乎他的工作；而在第二種回答中，我們可以清楚地看到這個年輕人很喜歡他的工作，他把這份工作看作是一個學習的過程，是攀登自己理想頂峰的階梯。第二個年輕人很明顯，不滿足於自己目前的狀況。作為一名雇主，你更願意提拔哪個職員？無疑是那個富有遠見卓識的人總會成為獲勝者。

如何活用潛能

第三章　增強行動的果斷力

潛能人皆有之，然而，為何人與人之間卻有許多能力上的差異呢？造成此種差異的原因何在呢？這是基於隱藏於內部能力是否已被善加利用之故。

我們又要如何才能將潛能正確引導出來呢？這裡提供四個必要的條件供讀者遵循：

1. 想像成功；
2. 思考成功；
3. 相信成功；
4. 採取行動爭取成功。

上面四個條件缺少其中一個的話，潛能勢必無法得到充分發揮，只有當這四個條件同時具備時，才會正確地引導潛能。希望大家能夠記住這點，不管你從前是怎樣評估自己的身價的，只要你能稍稍改變一下內心的想法，就能夠徹底改變自己的人生！

關於自己的「才能」也可以如此斷定。如果你曾經仔細思考，你就會發現以往一直認為難登大雅之堂的「小玩意」，對於你的人生卻具有重大的意義。

對你而言，現階段最重要的不是在你既有的能力上再加入一些新奇的力量，而是如何將你現在所擁有的能力 100％地活用發揮。

這個道理就好比我們將砂糖加入咖啡中，如果不攪拌均勻的話，即使加了再多的糖喝起來依然是苦澀的。所以，只要不停地攪拌你腦中思考的「咖啡」，就必能將你現在所具有的能力價值發揮無遺。

現在，讓我們回頭再來說明活用潛能這個人生的大問題吧！第一要點並不是要立刻學得新的本領，而是應該先將我們現有的才能加以發揮到極限。如上述的例子，要使咖啡香甜，絕對不是不停地加砂糖，而是將已放入杯中的砂糖攪拌均勻，讓甜味完全散發出來。

我們總是在為自己做決定

我們的自我懷疑與優柔寡斷常使結果變得更糟，因為猶豫不決也是另一種形式的決定。

我們若任由他人為我們下決定 —— 就等於決定由他人為我們安排，但這其實也是出於自己的決定。如果說是交給那些比我們更富有經驗或資訊的人來做，也還無妨，但我們往往只是因循舊習，或擔心自己的決定不足以成事罷了。

你是不是有過一些只敢擺在心底、不敢公諸於世的想法或點子，因為你不相信這些點子有何價值可言？可是等到你從別人口裡聽到同樣的想法，霎時各種情緒便一起湧上心頭 —— 你想辯解、覺得喜悅，甚至感到羞愧或不悅，因為那

第三章　增強行動的果斷力

明明是你先想到的，你的點子不比任何人的差呀！每個人一生都會想出價值至少兩百萬元的點子。你認為百萬富豪與小老百姓的差異出在哪裡呢？

差別就在他們的行動力。因為成事者能自立自強、信任自己，又肯付諸行動！其他人則自圓其說，為自己的自我疑慮及推拖找藉口——結果到頭來，我們連將那些偉大創意化為具體的機會都沒有了。

自我倚重的人相信自己知道什麼是重要的，他們不編造口實，且懂得付諸實行！

發展你的創造性

人的思想，搭配上不屈不撓的精神和一個健康的體質，能創造出一些前所未有的東西。即使體能有限，但人類的思想和精神是無限的。

想想看海倫‧凱勒，她是最了不起的。因病盲、聾、啞，她跟其他人的溝通途徑全部被斬斷了。但她敏銳的思想和不屈的精神，仍是使她寫出二十七本書，鼓舞了全球的人類。

如果你想發揮所有的潛能，就要培養創造的衝動，將最好和最有用的技術發展到最高層。

創造力最大的敵人是滿足於現狀。在梵蒂岡的聖彼得大

教堂有一尊栩栩如生的摩西雕像，雕像的一隻膝蓋上有一道傷口。米開朗基羅認為摩西的塑像是他最逼真的作品。傳說它完成後，他擊中了雕像的右膝，淚水盈盈地把錘子扔掉叫道：「你為何不說話？」相信生命是大理石裡面唯一缺少的東西。這道膝蓋上的傷疤，被認為是米開朗基羅錘子的印記。

　　當然，沒人會達到完美，但任何人都能改善。這種創造的衝動，會改善我們的創造力，給我們最好的成長因素，使我們一直成長。

　　在北方，有個過路人踽踽獨行於一片雪原上，經過很長的時間，才發現附近有人家可以落腳。敲門以後進入屋內，過路人靠在爐邊取暖，屋主問他：「你從何處來？」過路人回答：「是從雪原之中一步一步走過來的。」屋主聽後，發出驚訝之聲：「你真大膽，在那一大片結冰的湖上行走，竟然未失足，太不可思議了！」過路人聽說那一片雪原原來是湖，不禁膽戰心驚。

　　這故事是心理學家考夫卡為了說明心理環境所寫的一段寓言，許多有關心理學的入門書籍，都曾引用這寓言。

　　所謂環境，可分為現實的物理環境和人心內在感覺層面的環境兩種。上述故事中，湖是客觀存在的實境，雪原則是過路人心中主觀映射下所呈現的環境，過路人是在以為走在雪原之上，在絕無失足之虞的心境下，才敢踏上結冰的湖。

第三章　增強行動的果斷力

由於人的想法心態有所變化，使得客觀環境呈現會有不同。

- ➤ 發表《演化論》的達爾文當年決定放棄行醫時，遭到父親的斥責：「你放著正經事不做，整天只是打獵、捉狗捉老鼠的。」後來，達爾文在自傳上透露：「小時候，所有的老師和長輩都認為我資質平庸，要論聰明我是沾不上邊的。」
- ➤ 華特‧迪士尼當年被報社主編以缺乏創意的理由開除，建立迪士尼樂園前他也曾破產好幾次。
- ➤ 愛迪生小時候反應奇慢無比，老師們認為他沒有學習能力。
- ➤ 愛因斯坦四歲才會說話，七歲才會認字。老師給他的評語是「反應遲鈍，不合群，滿腦袋不切實際的幻想。」他曾遭到退學的命運，在申請蘇黎世聯邦理工學院時也被拒絕。但是，是什麼使他們實現了自我呢？

當其他人的天分比他們高，當其他人有較多的資源時……祕密是他們有成功者的態度！

生活遊戲，恰如任何運動比賽，失敗者一向是多於勝利者。幾乎每種運動都是這種情況：只有一隊或一個人能贏得大獎。

在比賽中，大獎當然是歸於勝利者，但還有一些小獎是

給表現得不錯的團體或個人，但大多數參賽者是什麼獎也沒有的。就像繪畫比賽中有贏家，還有入圍的，大獎給冠軍，小獎給入圍的，其他的沒得獎一樣。

只聽你欣賞的人的建議

如果有人給你真誠的建議，先假想若是遵循他們的話語，你的生活將改造得更接近哪種狀況。因此：

➤ 人際關係方面的建議，最好聽從那些人際關係良好的人的話。

➤ 投資方面，則聽從投資成功人士的建議。

➤ 工作效率方面，聽從工作效率高的人的建議。

有時建議從資格不符上述條件者源源而至，你千萬要懂得選擇。

因此，就算你認為我的生活多彩多姿，也不要盲目地聽從我的提議，不過不妨考慮一下我的話，想想其中含意，若這些話的確能發人深省，就主動接受我的提議吧！我相信書中的概念能使人擺脫不痛不癢的生活，邁向更快樂圓滿的人生。如果你認同我的看法，就放手去做。

我曾經苦苦追尋生命的答案，期盼有人能告訴我該怎麼生活，後來才痛下決心，相信自己的判斷，去過自己的日子。我曾渴求別人的建議，但聽得越多，就越迷惘。我試著

模仿我的偶像，學習他們的言行舉止，因為對我而言，他們既強大又充實。我模仿他們的行為，但從未了解他們成功的原因：他們相信自己的判斷，因此判斷出令人欣賞的特質與成就。

我看到他們充滿自信，便也有樣學樣 —— 但卻無法擁有他們的穩定踏實。他們的自信發自於內心，因為他們對自己沒有疑慮。我看到他們很清楚自己要什麼，便也將目光投注在他們專注的事物上，但心裡總是不實在。因為他們是真的希望得到那些事物，他們也很肯定自己的想法，因為他們信任自己。

不管我模仿得多麼神似，即便我也得到跟他們一樣的成就，我仍是覺得並未得到自己想要的生活經驗。為什麼？因為人各有志，想要的東西不會一樣。當時我知道自己想要什麼嗎？其實我不清楚。不過由於我不相信自己可以知道何者是最適合自己的，因此我連想都懶得細想。

假如你害怕犯錯，不相信自己知道什麼最適合自己，那你還能信任誰？除非你能改變心意，否則就只能讓人牽著鼻子走，受制於人，任人裁決你的一生究竟是充實還是一事無成。你若是不敢信任自己，從小到大，只是乖乖遵循各方面聽來的建議過日子，敢問這又是出於誰的抉擇？

這當然是你的決定，至少現在決定權在你。如果你從沒

這樣想過，而從沒有機會立定決心依賴自己的判斷，不妨從現在開始做起！

　　不論如何，你在某種程度上都應該是信任自己的，因為：下不下決定，最後都取決於你。何不突破迷思、偏見、疑慮、排斥及恐懼？何不相信自己的直覺，據此判斷對錯、好壞，以及值不值得呢？這是你自己的人生，為什麼不依賴自己呢？

意識與非意識的選擇

　　你一定會有選擇，但這不表示事情會變得更容易，因為我們所做的選擇並非全是清晰可見或出於自覺的，有時候我們做了選擇，卻毫不自知。

　　人腦是一個大型的決定器，有些選擇出於意識，你會知道自己在做什麼：比如吃什麼，要看哪部電影，要把鬧鐘調到幾點。然而我們大部分的決定都出於潛意識：如果你在走路，你不會刻意去想：「好，現在要抬右腳，接下來抬左腳，然後再抬右腳……」，大腦不斷做出非意識的決定，如怎麼走路，何時呼吸，說話時如何掀動嘴唇，何時發怒等。當你以直覺或「衝動」來做決定時，所下的是一種混合式的決定──你刻意讓直覺來為你做選擇，通常這是一種相當明智的做法，因為潛意識在瞬間所涵蓋的層面比意識更廣！

　　為什麼兩個人在同樣的情形下會做出不同的選擇？通常

第三章　增強行動的果斷力

是因為兩人潛意識中各有一套不同的態度、意見、信念以及價值觀。我們每天所做的決定，即使出於意識，仍受到潛意識的左右。即然選擇是一種力量，我們便應該花點時間來探索自己的潛意識，看看裡頭究竟藏了什麼乾坤。

我們所說的潛意識是非主動的思考層面——就是被動的思考部分，這裡儲藏了你們家的電話號碼，必要時能隨時準備浮現到意識層中，供人使用。我們所說的意識則是我們一向能覺察到的層面，如果你心裡暗想：「別囉嗦了，快講重點吧！這個我小學六年級就懂了。」這就是一種自覺性的思考。可是在你還沒有看到這段文字前，這份知識卻躲在你的潛意識裡（也許從小學六年級時就一直儲存在那裡了）。

人在學習時，常常是有意識地在學，等到融會貫通後，才將學到的知識儲存在潛意識裡。例如，剛開始學英文時，我們會無意識地將每個字翻譯成中文，再把它重組成有意義的句子。稍後等我們較為熟練後，便只需要直接朗讀原文便能了解其中含意，不用再逐字翻譯了。

因此我們所謂的潛意識，指的是你學過的每一件事，所有做過或想過的回憶，所有你對世界的信念，以及對事物的態度及想法——天啊！潛意識裡的東西真是太可觀了！這些東西相當重要，因為它們正是你的心智與嬰兒不同的地方。嬰兒將所有意識用在最簡單的事項上——如揮動手腳，

爬行，學步，以及大小便的訓練等，而成人的潛意識則使你無須分神去管這些事。

　　潛意識集學習、信念、態度、經驗、策略、模式及各種事物於一身，它對我們的生活影響很深，同時也左右了我們對事物的認知及每天各種大大小小的選擇。

　　這也是為什麼大部分想靠「意志力」（意識思考）來改變行為的人大多會失敗的緣故了，減肥便是其中一例。就算你能持之以恆地運動、節食，做一堆討厭的事（因為與潛意識相違，所以感到討厭），培養出新的潛意識習慣，但是只要稍有鬆懈，分心在其他事物上（生活中除了節食外，值得投注心力的事好像還不算少），新的潛意識模式便會與不願節食的意願相抵，而使你前功盡棄了。

　　若能了解潛意識的運作方式，你可以利用它來幫助自己達成願望，而不受制於它。讓自己的意識與潛意識，都能做出好的選擇。

個人的歷史背景

　　個人的一套完整的態度、意見、信念及故事，便是她的歷史背景。例如，當你看到我用「她」這個字來代表泛指的人稱時，心中做何感想？也許你會覺得很怪或不太開心，因為你認為用「他」才比較符合常規。也許你會感到高興或覺

第三章　增強行動的果斷力

得我這個作者還蠻親切的，因為我不預設立場，這點相當不錯。或者你會覺得被耍了，因為我用了一個十分「諂媚性的字眼」。也許你根本未加留意 —— 這套理論與牛頓在閒暇時間所發明的微積分恰巧相抵。

這些科學理論之所以不稱為事實，而以理論相稱，是因為在科學領域中，只有透過實驗觀察所得的結果，才能稱為事實，任何用來解釋實驗結果，並預測新實驗結果的說明，都稱為理論或模型。觀察所得才是事實；解釋則稱做理論。

雖然三百年來，牛頓的理論正確無誤地預測了大部分的實驗結果，但愛因斯坦卻沒有把牛頓的理論當做事實而停止思考；他為物理學家找到的理論更好、更正確，但還是有點距離。

問題是，在預測物體快速移動的情形時，用愛因斯坦的理論來處理巨大乘數或平方根，雖然比使用牛頓的理論更正確，可是拿它來處理日常生活的情況則實在是過於繁瑣。像車速與速限的相對關係便是一例，因為你的車速無法跟光速相比，就算你住得超級遠，牛頓的理論也都綽綽有餘了，算出來的結果與「正確」的相對論比較根本看不出差別。

發揮潛意識

仔細審視自己意識與潛意識中所相信的每件事，小至自己的姓名，大至你的世界觀，因為這些信念以各種方式潛入了我們的腦海：

➤ 從父母處學到的。

➤ 從學校或專門的訓練機構學到的。

➤ 從書本及報章雜誌上看到的。

➤ 從電視或電影中學得的。

➤ 不斷聽人重述，而不知不覺學來的。

➤ 透過觀察而下的結論。

➤ 若不相信將受處罰。

➤ 從自己尊敬或懼怕的人身上學到的。

人類的學習能力十分驚人。即使你不認為自己學習能力很強，但你只要能讀得懂這本書，就算挺不錯了。想想看從出生時，原本不認識任何字，到現在能讀能寫，不但看得懂書中的段落，還能把它轉換成腦袋裡的想法，難道不算是成就斐然嗎？

現在你腦裡的每則信念、態度及意見都是從出生至今學習而來的（或胎兒時期便已學到，因為現在有的父母還實行胎教），你的一生都在吸取周遭的信念與態度，不知不覺中學會許多事情，隨著時過境遷，有意無意地慢慢改變，甚至

第三章　增強行動的果斷力

逆轉部分的信念與態度。

　　你是那種信念堅定，思想明確，對自己的生活相當滿意的人嗎？或者是那種自認為凡事精明，覺得沒有什麼想法是可以堅信不移的人？（這也是你堅信的態度）也許你居於二者之間，或根本就是糊里糊塗的。

　　關鍵在於需要了解一件事：

　　你可以選擇自己的信念。

　　你也可以選擇自己的意見與態度，假如我們能意識到自己所持的態度、意見及信念，便能辨識哪些事項與自己的意願相抵，進而著手處理。要訣就在於找出潛意識中，阻撓我們的有害事項，這些討厭的想法會以各類方式滲入我們的意識中：

- ➤ 過去的遺毒。
- ➤ 電視廣告。
- ➤ 電視節目。
- ➤ 職場上的壞消息。（而壞事經常是傳千里的）
- ➤ 受到不懂做明智選擇的伴侶或工作夥伴的影響。
- ➤ 迷思。
- ➤ 傳統觀念。
- ➤ 別人想利用你，想蓄意地宰割你。
- ➤ 你不甚欣賞的人會有意無意地貶低你的想法。

　　我們若能為潛意識的想法列張清單，解釋其緣由與出

處，以便剔除那些有害的態度，豈不美哉？可惜人類的腦袋卻不這麼運作。然而如果你能覺察到那些妨礙自己的想法與態度，就不難選擇去改變了。

你能選擇改變任何與意願相違的態度、意見或信念。

如果你已經選擇依賴自己來認清什麼對你最有利 —— 我們衷心希望你真的這麼做了，否則也就不必再往下讀了 —— 那麼就該先審視一下，審視自己一生中所做的不同選擇。不管你目前處境如何，你總會有個選擇，也許不見得很棒，但選擇是必然會有的。

如果你覺得聽起來有點模糊，我們就舉個例子吧！想一件日常中你必須做，但因別無選擇，所以其實做得心不甘情不願的事。不要挑「黑夜過去就是黎明」之類自然運作的事，想一件像我必須去倒垃圾這種義務性的事項。想好以後，再往下讀。

好了，現在你想到一件自己覺得非做不可的事了。也許你想到的是：我得去上班。現在不妨自問，為什麼你非得上班不可？如果不去上班，會有什麼後果？也許你會發現，若不去做這件「該做」的事，後果會怎樣。例如，如果我不去上班：

➤ 就賺不到錢了。

➤ 房子也沒了。

➤ 家人將流落街頭。

275

第三章　增強行動的果斷力

➤ 會被我媽罵。

也許後果是你想都不敢想的，你根本不敢不做，但你確實還是有選擇餘地的。如果有人拿槍指著我的腦袋，要我掏出錢來，我還是可以選擇要錢或者要命啊！這選擇很簡單，雖然兩個選擇在事發當時都不太讓人笑得出來。因此即使面對你「該做」的事，你其實還是經過選擇後才去做的。

我要說的是，如果手邊的選擇都不如人意，那麼如果你能兩權相害取其輕的話，就等於是幫自己一個大忙了。給自己一點鼓勵吧 —— 比起坐在那邊極力排斥自己的選擇，你已經做得不錯啦！至少你做了最好的抉擇，何況你還很可能並不討厭它呢！

選擇即力量，手上握有越多選擇，就越覺得自己強大，因此知道自己隨時有選擇的餘地是相當重要的。願意的話，花點時間，檢討那些你認為非做不可的事，看看還有沒有其他可行的路，自己是否是出於選擇才去做的。以下是一些例子：

＊我必須守法。若不守法，很可能會坐牢或被罰款，名譽掃地，被朋友排擠，因此我是出於選擇才守法的。

➤ 我必須尊重父母。（否則……）
➤ 我必須洗碗。
➤ 我不能把對老闆的看法跟他說。

➤ 我必須花時間與家人相處。

➤ 我必須給車子加油。

你的人生觀

　　奧地利出生的著名精神病醫生和教育家魯道夫·德瑞克斯（1897-1972）提出了一個公式，稱作：「人生觀建立的十大前提」。我認為這些前提是對人生觀最具體、最精闢的論述。請認真閱讀這些前提，仔細思考，並想像如果大多數人都接受這些思想，世界將會是個什麼樣子。

➤ 人本來並無好壞之分。一個人所具備的能力和他對社會所做貢獻的大小，取決於他的訓練和發展過程，取決於他對自己早期經歷的認同與理解，取決於他的生活環境。

➤ 人並不了解他個人的力量和權力。他所具有的智力、道德和創造性方面的能力，由於沒有得到承認，所以沒有充分發揮。

➤ 人可以控制自己的行業。感情不是他的主宰，而是他的工具。他被自己的信念、態度和目標所激勵，而這一切都是由他自己確定的。雖然他往往沒有意識到這一點，也沒有意識到這是一個失誤。

➤ 人正在影響自己的命運，卻不自覺自知。他更了解別人

277

第三章　增強行動的果斷力

　　為他做了些什麼，而很少意識到他為別人做了些什麼。

➤ 人的最大障礙是對自己力量和價值估計不足，不能全身心地參與社會生活並與他人合作。現有的教育方法和訓練步驟傾向於人們常被灌輸這樣一種觀念和態度 —— 與他人相比，我是個失敗者，並逐漸形成了一種固定的培養模式。

➤ 人的最大不幸是畏縮。膽識和信心是一個人獲得全部美德的基礎。透過自我價值的實現，他就有了自尊感，他才能更好地去關心別人。

➤ 和諧的人際關係的基礎是維護自己的尊嚴，同時尊重他人的權利和尊嚴。要防止用暴力和姑息這兩種方式來解決人們之間的衝突。社會的平衡只能依靠民主精神下的平等協商才能獲得。

➤ 人是民主的尺度，所以每個社會成員都應當有同等的尊嚴，得到同樣的尊重，這與一個人對自己擁有至高無上的權力是一致的。人最基本的平等權利是不受個人附加特點的影響，這些附加條件有：種族、宗教信仰、性別、年齡、社會經濟地位、教育、身體或精神的健康狀況、容貌、道德、智力發展水準、技能或個人成就等。以此為基礎的任何優越感或自卑感都是沒有根據的和荒謬的。

➤ 打消了自己對他人的優越感之後，每個人都會在自己的

內心和他人的內心中堅定地樹立起承認個人價值的思想。當人們不再為個人的名譽和權利爭奪，不再因此造成人與人之間互相對立的時候，就真正創造了心靈上的平靜和全球的和平。

➤ 我們永遠都需要相互幫助，以使我們保持清醒的頭腦，強化美好的意願和進取精神，並抵制那些在日常生活中常常表現出來的沮喪和悲觀的情緒。

如何知道你需要消除壓抑

有些意識的訊號，可以告訴你你是否因為過分壓抑或壓抑過少而離開正途：

要是你經常因過分自信而惹上麻煩；要是你習慣性地「闖進別人不敢踏入之處」；要是你因為衝動而常常陷入困境；要是你總是「先斬後奏」而使目標發生反效果；要是你永不認錯，那麼你很可能缺乏壓抑。你必須三思而後行，停下來仔細地考慮你的言行。

然而，大多數人犯的都不是上述的毛病。如果你在陌生人面前是羞怯的；如果你害怕新奇的場合；如果你感到緊張、神經過敏；如果你有「緊張症候群」，例如面部肌肉抽搐，不必要的眨眼、顫抖、難以入眠；如果你在社交場合中覺得難以自在；如果你退縮並且經常選擇後面的座位——

第三章　增強行動的果斷力

這些症狀顯示你壓抑過度，你對每一件事都太謹慎，你「計劃」過度，你需要這樣的忠告：「對事情不要太謹慎。」

輕鬆可以豎起一塊心理的帳幕

最好在心裡明確地記住一個事實：我們受擾的情緒——憤怒、敵意、恐懼、憂慮、不安等，它們的產生是由於我們本身的反應，而不是由於外在的東西。反應就是指緊張；缺乏反應就是指輕鬆。科學的實驗一再證明，你的肌肉只要保持在完全輕鬆的狀態下，你根本不可能覺得憤怒、恐懼、焦慮、不安。這些反應本質上是我們自己的情緒。肌肉的緊張是一種「行動的準備」或是「反應的準備」；肌肉的放鬆帶來「心理的輕鬆」或平靜的「輕鬆態度」。因此，輕鬆是自然的鎮定劑，它在你與干擾的刺激物之間豎起一塊心理的「帳幕」或撐起一把「雨傘」。

基於同樣的理由，肉體的輕鬆的確是一種有力的「壓抑消除劑」。壓抑是起於過度的意識，或是對否定意識的過度反應；輕鬆則意指不反應。因此，我們每天要練習輕鬆，一方面消除壓抑，另一方面可提供你自身的鎮定劑。

即使很小的失敗，也要分析原因

　　每個人都遭受過失敗，而且不只一次。如果從未遭受過失敗的人，那他一定什麼事都沒做過，這樣固然不會有失敗，當然也沒有成功的體驗。

　　有許多有成就的人，剛開始做什麼事情都無法成功，經常失敗，然而他們卻毫不氣餒，從失敗中汲取經驗，最後終於成功。他們成功的關鍵在於對失敗所採取的態度。通常消極的人自責傾向較為強烈，把過錯全部往自己身上攬，將失敗的原因歸咎於自己，無法從消極中逃脫，也不能面對失敗，潛意識裡總想遺忘不愉快的經驗。

　　然而，即使忘了種種失敗，但失敗的事實依舊存在，所以最好的方法便是承認它，靜下心來考慮其前因後果，把失敗的原因找出來。仔細地想想，之所以沒有成功，除了自我本身的因素之外，是否還包括種種外在原因呢？別人來做也許結果也不會比自己好。只要具體分析失敗之因，下次再遇到相同情況，便能警戒小心。

認識你的各種能力

　　我覺得人們最糟的一種自欺之言就是：「我沒辦法。」

　　有些事顯然是我們先天上無法辦到的 —— 比如同時出現在兩個地點、舉起十六噸的東西、十秒鐘跑過一公里 —— 可是通常人們說「我沒辦法」時，指的往往是別的事。從現在

第三章　增強行動的果斷力

起，這句話每次要脫口之前，先想想你真正的用意，因為通常這是表示目前某件事對你來說還不夠重要，暫且先不予選擇的「委婉」方式。

我並不是建議你在收到別人的生日派對邀請卡時，無禮地回答說：「休想我出席啦！你算什麼東西？」如果不是先天的限制，我即使在談話中也會盡量避免用「我沒辦法」這四個字，以免養成習慣，不過重要的是，你必須對自己坦然。

假如你跟我一樣，一旦養成心口合一的誠實習慣，不會隨意地表示「我沒辦法」後，你會發現自己更能意識到自己在乎的是什麼了。如果你事前已答應別人，而沒能載朋友去機場，那麼你並不是「辦不到」，而是因為守信對你來說並不是非常重要。總之，我想強調的一點是：

如果我在乎一件事，並投注足夠的時間、金錢與精力去從事，幾乎沒有事是辦不到的。

有時候人們說「我沒辦法」，是因為認為自己還有一些「必須」去做的事，而非真的辦不到。這豈不是雙重自欺嗎？假如你對自己說，今天下午你「沒辦法」去上課，因為你「必須」去修車場領車，現在就讓我們逐字來審視這句話。首先，如果上課真的那麼重要，其實你下午還是可以去上課的，問題是，到底是領車重要，還是上課重要？

顯然上課是比較重要的：因為這是你實現夢想的基礎，

你的熱情，你最在意的事情，而且老實說，你對領車這件事缺乏興趣。那麼所謂的「必須」又是怎麼回事呢？這是我們在「選擇」這一章中已提過的，「必須」其實是你在考慮到不去領車的後果之後所做的選擇。原來如此！你終於搞懂了，因為你拿「沒辦法」和「必須」的說法來逃避事實，才會弄得這麼夾雜不清，其實你是有選擇的 —— 在不上課與不領車後的負面結果之間，選出當務之急來。

你用自己的選擇與輕重緩急，而不用「沒辦法」跟「必須」兩種自我假設的說法來衡量事物，使得原本混亂的情形變得明朗了。事實上，用前面那種態度來看問題，會使人創造出因勢利導（順著事物發展的趨勢，朝有利的方向引導）的方法：我能不能找人幫我領車子？或者在領車途中，請人把上課的東西錄下來？用自我假設的語言來自欺欺人，最終只會傷害自己，使自己遠離最佳的解決之道。

與其想著「我辦不到」，還不如找出話中真實的含意。你若是真的在意，幾乎沒有事是辦不到的。

因此我們何苦使用自我假設的語言呢？我只能說（或此時我選擇表達我對這件事的想法），我們做了很多自己並不重視的事，我們身邊存在著許多混淆視聽與毫無益處的想法、行為、模式和迷思。我們常模仿別人的作為，所謂的近朱者赤，近墨者黑 —— 我們在不知不覺中模仿了一些行為、

第三章　增強行動的果斷力

思想，而學到一些或好或壞的技巧與知識，不過請先確定一點，你學到的真的是自己想學的東西！

官網

國家圖書館出版品預行編目資料

就算說不要，世界最後也只剩你不停跑：喪失意志、害怕寂寞、責怪他人拋棄……全都沒必要，唯有自己能讓人生非凡！/ 孔謐編著 . -- 第一版 . -- 臺北市：崧燁文化事業有限公司 , 2023.04
面；　公分
POD 版
ISBN 978-626-357-266-9(平裝)
1.CST: 成功法 2.CST: 自我實現
177.2　112003782

就算說不要，世界最後也只剩你不停跑：喪失意志、害怕寂寞、責怪他人拋棄……全都沒必要，唯有自己能讓人生非凡！

臉書

編　　　著：孔謐
發 行 人：黃振庭
出 版 者：崧燁文化事業有限公司
發 行 者：崧燁文化事業有限公司
E - m a i l：sonbookservice@gmail.com
粉 絲 頁：https://www.facebook.com/sonbookss/
網　　　址：https://sonbook.net/
地　　　址：台北市中正區重慶南路一段六十一號八樓 815 室
Rm. 815, 8F., No.61, Sec. 1, Chongqing S. Rd., Zhongzheng Dist., Taipei City 100, Taiwan

電　　　話：(02)2370-3310　　傳　　　真：(02) 2388-1990
印　　　刷：京峯彩色印刷有限公司（京峰數位）
律師顧問：廣華律師事務所 張珮琦律師

定　　　價：375 元
發行日期：2023 年 04 月第一版
◎本書以 POD 印製